K-Culture로 만나는 한국/한국인 |1|

K-Culture로 만나는 한국/한국인 |1|

윤석진 편

북마크

머리말

언어의 사전적 정의는 "인간의 사상이나 감정을 표현하고, 의사를 소통하기 위한 소리나 문자 따위의 수단"이다. 따라서 다른 나라의 언어를 배우는 것은 그 민족의 사상이나 감정 표현과 소통 방식을 온전히 익히는 과정이라 할 수 있다. 외국어 교육 현장에서 '말하기·듣기·읽기·쓰기'를 '문화'와 통합하여 가르치는 교수법이 다양하게 제시되고 있는 것도 그래서이다.

그러나 '문화'의 개념을 규정하기는 쉽지 않다. 보편적 의미의 '문화'는 "자연 상태에서 벗어나 삶을 풍요롭고 편리하고 아름답게 만들어 가고자 사회 구성원에 의해 습득·공유·전달되는 행동 양식"이다. 하지만 국가나 민족 단위로 범위를 좁히면 '문화'는 "한 사회의 개인이나 인간 집단이 자연을 변화시켜온 물질적·정신적 과정의 산물"로 규정된다. 이처럼 '문화'는 한 문장으로 개념을 규정하기 어려울 정도로 복잡한 의미를 내포하고 있지만, 그만큼 다양한 어휘를 포괄하고 있기 때문에 외국어 학습 과정에서 유용한 도구로 활용된다.

'한국문화', 이른바 'K-Culture'는 외국인 한국어 학습자가 한국인과 한국사회를 이해할 수 있는 지름길이다. 세계적으로 영화·드라마·노래·미술·스포츠 등의 K-콘텐츠를 즐기고, 이를 계기로 한국어를 배우는 외국인들이 많아지고 있는 것이 방증이다. 문제는 모든 외국어 학습이 그러하듯이, 기초적인 의사소통 차원의 초급 단계를 지나 중급 이상의 고급 단계로 넘어가기가 쉽지 않다는 것이다. "한국인의 물질적·정신적 과정의 산물"로서 '한국문화'에 대한 이해는 물론, 이를 표현하는 어휘와 문장에 대한 학습이 어렵기 때문이다. 그래서 외국인 한국어 학습자가 조금이라도 재미있게 한국인과 한국사회를 이해할 수 있도록 초급용과 중급용의 『K-Culture로 만나는 한국/한국인』을 기획하였다.

『K-Culture로 만나는 한국/한국인(1)』은 한국어능력시험(TOPIK) 초급 수준의 학습자들이 대한민국의 '정치·경제·사회·역사·문화·예술'에 대한 정보를 재미있게 공부할 수 있도록 구성하였다. 초급 수준 학습자들의 흥미를 유발하기 위해 K-영화와 K-드라마 등의 K-콘텐츠를 활용하여 한국인의 가치관과 생활양식은 물론 외국인이 한국사회에서 생활하는데 필요한 기본 어휘와 정보를 다양하게 제시하였다.

제1장 '정치와 경제'는 분단과 통일, 민주주의와 선거, 경제 체제 등으로 구성하였다. '분단과 통일'에서는 일제강점기와 6·25한국전쟁의 비극적인 현대사, 남한과 북한으로 갈라진 분단 현실, 분단에서 비롯한 이산가족과 통일에 대한 한국인의 의식을 학습할 수 있다. '민주주의와 선거'에서는 독재 정권에 저항한 민주화운동과 주권재민주의에 입각한 선거제도 등 한국의 민주주의를 학습할 수 있다. '경제 체제'에서는 혼합경제와 경제민주화, 경제 발전에 따른 산업 구조의 변화 양상, 재래시장에서 인터넷쇼핑까지 시장의 유형과 종류에 관한 정보를 학습할 수 있다.

제2장 '사회와 생활'은 가족과 혈연, 경제 활동, 여가와 건강 등으로 구성하였다. '가족과 혈연'에서는 상부상조의 공동체 의식, 가족 호칭어의 종류와 용례, 이름 짓는 방법과 특징 등에 관한 정보를 습득할 수 있다. '경제 활동'에서는 직업 종류와 역할, 쓰레기 수수료 종량제, 금융 생활, 식품관리인증 등에

관한 정보를 습득할 수 있다. '여가와 건강'에서는 한국인의 기질과 성향을 농축한 열정과 신명, 인간의 지혜와 자연의 섭리가 조화를 이루는 한식, 가족 구성원의 변화와 1인 문화의 실상을 확인할 수 있다. 이를 통해 한국사회 적응에 필요한 실용적인 정보 습득이 가능하다.

제3장 '문화와 예술'은 전통예술과 현대예술 그리고 K-콘텐츠 등으로 구성하였다. '전통예술'에서는 일상에 활력을 불어넣는 전통 놀이, 눈과 귀가 즐거운 전통 공연, 영롱하고 화려한 전통 생활 공예 등을 소개하였다. '현대예술'에서는 한국 곳곳의 아름다운 도시에서 개최되는 국제 페스티벌을 통해 세계인의 눈과 귀를 사로잡은 영화와 음악 그리고 미술과 문학 관련 정보를 소개하였다. 'K-콘텐츠'에서는 세계인의 이목을 사로잡은 K-POP, 아시아의 한류 열풍과 4대 천왕, 세계적으로 주목받은 K-드라마와 같은 대중문화예술 관련 정보를 습득할 수 있다.

제4장 '전통과 역사'는 한국의 세계문화유산, 삶과 죽음, K-심벌 등으로 구성하였다. '세계문화유산'에서는 세계문화유산으로 등록된 신라와 조선의 문화유산에 관한 정보를 소개하였다. '삶과 죽음'에서는 나이를 헤아리는 방식과 생일잔치, 전설과 설화에 등장하는 영험한 신적 존재, 농경사회의 세시풍속과 현대사회의 기념일 등에 관한 정보를 제공하였다. 'K-심벌'에서는 '태극기·애국가·무궁화'의 유래와 특징, 전통 한복과 생활 한복, 전통 무예 태권도와 한국에서 개최한 국제적인 스포츠 행사 관련 정보를 소개하였다.

『K-Culture로 만나는 한국/한국인』은 한국영화와 한국드라마를 매개로 '정치·경제·사회·문화'에 대한 정보와 지식 제공이라는 구성은 같지만, 내용적인 측면에서 한국어능력 수준을 감안하여 초급용과 중급용으로 난이도를 조절하였다. 따라서 초급용『K-Culture로 만나는 한국/한국인(1)』을 먼저 학습하고, 중급용으로 구성한『K-Culture로 만나는 한국/한국인(2)』를 학습한다면 한국인과 한국사회를 심층적으로 이해하는데 도움이 될 것이다.

  이 책을 출간하는 과정에서 많은 사람들의 도움과 지원을 받았다. 특히 충남대학교 국제교류본부의 관심과 지원이 없었다면 기획과 구성 그리고 집필과 출판까지의 과정이 순조롭지 못했을 것이다. 국제교류본부 관계자 모두에게 진심으로 감사의 인사를 드린다. 아울러 어려운 여건에서도 좋은 책을 만들기 위해 심혈을 기울여주신 도서출판 북마크 정기국 사장님과 편집자에게도 감사드린다. 마지막으로 K-영화와 K-드라마 그리고 K-POP을 즐기는 전 세계 한국어 학습자들의 의지와 열정에 경의를 표하며 본 교재를 중심으로 한국어와 한국문화 교수법을 개발하기 위해 최선의 노력을 기울이겠다는 다짐을 밝혀둔다.

2022년 6월
집필진을 대표하여 윤석진

차례

머리말 ··· 4

Chapter 1 / 정치와 경제

1. 분단과 통일 ·· 12
   1) 일제강점기와 6・25한국전쟁 ························· 13
   2) 분단국가 남한과 북한 ································· 21
   3) 남한과 북한의 이산가족과 통일 ···················· 28
2. 민주주의와 선거 ·· 37
   1) 독재 정권에 저항하여 쟁취한 민주주의 ·········· 38
   2) 1980년대의 민주화 운동 ····························· 43
   3) 주권재민주의와 선거제도 ···························· 47
3. 경제 체제 ·· 54
   1) 혼합경제와 경제민주화 ······························· 55
   2) 경제 발전과 산업 구조의 변화 ····················· 62
   3) 시장의 유형과 종류 ···································· 69

Chapter 2 / 사회와 생활

1. 가족과 혈연 ·· 78
   1) 상부상조의 공동체 의식 ······························ 79
   2) 가족 호칭어의 종류와 용례 ························· 84
   3) 이름 짓는 방법과 특징 ······························· 89

  2. 경제 활동 ·· 94
    1) 직업의 종류와 역할 ································· 95
    2) 생활 경제와 쓰레기 수수료 종량제 ················ 100
    3) 금융 생활과 식품관리인증 제도 ··················· 104
  3. 여가와 건강 ·· 112
    1) 열정과 신명의 여가 생활 ························· 113
    2) 인간의 지혜와 자연의 섭리로 차려진 밥상 ········ 118
    3) 가족 구성원의 변화와 1인 문화 ·················· 124

Chapter 3 / 문화와 예술

  1. 전통 예술 ·· 134
    1) 일상에 활력을 불어넣는 전통 놀이 ················ 135
    2) 눈과 귀가 즐거운 전통 공연 ····················· 140
    3) 영롱하고 화려한 전통 생활 공예 ·················· 144
  2. 현대 예술 ·· 150
    1) 세계인의 화려한 영상미로 수놓은 국제 영화제 ······ 151
    2) 세계인의 음악적 감성을 고취하는 국제 음악제 ······ 157
    3) 세계인의 미술과 한국인의 문학 국제 비엔날레 ······ 162
  3. K-콘텐츠 ··· 169
    1) 세계인의 이목을 사로잡은 K-POP ················ 170

2) 아시아의 한류 열풍과 4대 천왕 ·················· 176
　　3) 한류드라마에서 K-드라마로의 세계적 위상 강화 ·· 178

Chapter 4 / **전통과 역사**
　1. 세계문화유산 ··· 186
　　1) 신라왕경 천년의 문화유산 ······················ 187
　　2) 조선 왕조 오백 년의 역사와 5대 궁궐 ········ 195
　　3) 유교 국가 조선의 신성한 사당 종묘 ··········· 201
　2. 삶과 죽음 ··· 207
　　1) 나이를 헤아리는 방식과 생일잔치 ············· 208
　　2) 전설과 설화 속의 영험한 신적 존재 ··········· 212
　　3) 농경사회의 세시풍속과 현대사회의 기념일 ······ 217
　3. K-심벌 ··· 223
　　1) 3대 K-심벌의 유래와 특징 ····················· 224
　　2) 전통 한복과 생활 한복 ·························· 228
　　3) 전통 무예 태권도와 국제스포츠행사 ·········· 232

　참고문헌 ··· 238

chapter 1

정치와 경제

1
분단과 통일

　한반도는 1945년 8월 15일 일제의 식민 지배에서 해방된 이후 미국과 소련의 군정을 거쳐 1948년 남북한 단독 정부 수립을 통해 대한민국(남한, South Korea)과 조선민주주의인민공화국(북한, North Korea)으로 분단되었다. 오랜 세월을 분단된 상태로 지내면서 남한과 북한은 서로 다른 제도 속에 이질적인 문화를 형성하였다. 남한은 민주주의 국가이지만 북한은 사회주의 국가라는 점이 다르며, 이로 인해 남한과 북한 사람들의 가치관도 다르게 형성되어 갔다. '한민족'임에도 불구하고, 국가 제도와 문화 그리고 언어와 생활 방식 등에서 많은 것이 달라졌다.

1) 일제강점기와 6·25한국전쟁

대한민국은 일제강점기와 6·25한국전쟁이라는 비극적인 현대사를 겪었다. 나라를 빼앗긴 일제강점기 36년 동안 일제의 강압과 수탈에 시달렸고, 6·25한국전쟁 이후 같은 민족끼리 싸워야 했던 것이다. 그러나 뼈아픈 과거를 극복하고 다시 일어선 한국인들은 소중한 나라 대한민국을 지키고 발전시키기 위해 노력해왔다. 일제강점기의 비극적인 역사는 <암살>과 <밀정> 같은 영화에서 확인할 수 있다.

영화 <암살>

영화 <밀정>

(1) 일제 식민 지배와 8·15광복

일본 제국주의(일제)는 대한민국의 주권을 빼앗고 한반도를 식민지로 만들었다. 일제가 나라를 빼앗은 1910년부터 1945년까지 36년 동안을 '일제강점기'라고 부른다. 나라를 잃은 한국인은 일본에게 재산, 자유, 권리도 빼앗겼다. 일제는 칼과 몽둥이를 휘두르며 한국인을 감시하고 탄압하였다.

독립 만세운동

한국인은 빼앗긴 나라를 되찾기 위해 끝까지 싸웠다. 1919년 3월 1일에는 수천 명의 학생과 시민이 서울에서 태극기를 흔들고 '대한독립만세'를 외쳤다. 이 만세운동은 전국에서 일어났다. 한국인들은 해외 여러 나라에서도 나라의 독립을 위해 만세운동을 하였다. 일본에 맞서 싸운 수많은 한국인이 체포되어 형무소에 수감되었다. 일본 헌병들은 한국인을 죽이고 집과 재산을 불태웠다. 하지만 3·1운동은 독립을 향한 한국인의 의지를 세계에 알렸다.

일제강점기 독립운동

1945년 일본 천황의 항복 선언으로 2차 세계대전이 끝나면서 마침내 한국도 광복을 맞이하였다. 8·15광복은 연합군의 승전 덕분이었지만, 일본군의 간담을 서늘하게 할 정도로 죽음을 무릅쓰고 저항하고 투쟁하면서 지속적으로 이어온 독립운동의 결과이기도 하다.

(2) 동족상잔의 비극 6·25한국전쟁

나라를 되찾은 기쁨은 오래가지 못했다. 세계에서 가장 강한 나라인 미국과 소련(러시아와 주변국의 옛 이름)이 일본군을 해산시킨다고 한반도에 들어왔기 때문이다. 미국과 소련은 38도선을 경계로 한반도를 남과 북으로 나누었다. 남한에는 미군이, 북한에는 소련군이 주둔하면서 군정기가 이어지다가 1948년에 대한민국과 조선민주주의인민공화국이 남한과 북한에 각각 수립되었다. 이렇게 분단이 고착되면서 남한과 북한은 서로 미워하고 원망하면서 적대시하였다.

38선과 휴전선 철조망

1950년 6월 25일 새벽, 북한군이 기습적으로 대한민국을 공격하였다. 소련의 지원을 받은 북한군이 38도선을 넘어 남한으로 내려 온 것이다. 전쟁이 시작되었고 사람들은 피란길에 올랐다. 전쟁으로 수백만 명이 죽거나 다쳤다.

6·25한국전쟁

전쟁은 3년 동안 계속되다가 1953년 7월에 멈추었다. 전쟁은 끝났지만 진정한 평화가 찾아 온 것은 아니었다. 서로 맞서 싸우던 자리에 휴전선이 생기면서 한반도는 두 개의 국가로 나뉘게 되었다. 전쟁 이후 남한과 북한은 휴전 상태에서 군사적으로 대치하고 있다.

전쟁의 비극과 UN군의 참전

(3) 휴전 협정과 휴전선

휴전선(The Military Demarcation Line)은 남한과 북한 사이에 그어진 군사 행동 경계선을 말한다. 1953년 7월 27일에 휴전되면서 한반도의 가운데를 가로질러 그어졌다. 한국전쟁으로 수많은 사람들이 목숨을 잃었고 집과 건물은 폐허가 되었다. 전쟁의 깊은 상처를 입고 서로에게 큰 아픔을 남겼다.

분단의 아픔, 임진각

(4) 비무장지대와 판문점(공동경비구역, JSA)

휴전선은 철조망으로 되어 있다. 휴전선에서 남과 북으로 각각 2km거리가 비무장지대(DMZ)이다. 남한은 자유경제 국가이고 북한은 공산 국가이다. 남한과 북한은 거리는 가깝지만 마음은 가장 먼 나라이다. 일제 강점기와 한국전쟁은 우리 민족의 가장 큰 아픔이다.

비무장 지대

판문점은 남한과 북한의 공동경비구역(Joint Security Area)으로 비무장지대(DMZ)에 있고, 남한과 북한이 공동으로 경비한다.

판문점 풍경

2019년에는 판문점에서 남한의 대통령과 북한의 최고위원이 만나서 손을 잡고 함께 경계선을 넘었다. 통일을 희망하는 한국인의 마음을 보여주었다.

판문점 남북정상회담

공동경비구역 내의 판문점은 남한과 북한이 분단국가라는 사실을 보여주는 곳이다. 해마다 많은 국내외 관광객이 판문점을 방문하고 있다.

통일전망대에서 바라본 북한

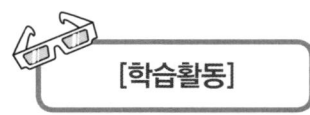

[학습활동]

1. 이번 장에서 학습한 단어의 뜻을 정리하여 문장으로 작성해보자.

1) 일제강점기 :

2) 독립운동 :

3) 휴전선 :

2. 모국의 세계사에서 한국 전쟁을 어떻게 기록하고 있는지 조사하여 발표해보자.

2) 분단국가 남한과 북한

　6·25한국전쟁 중에 당시 남북한 인구의 6분의 1에 해당하는 사람들이 죽거나 다쳤다. 군인 뿐 아니라 집에 있던 수많은 민간인들이 희생되었다. 3년의 세월이 지나고 전쟁은 멈추었지만, 남한과 북한으로 갈라진 분단 상태는 여전했다. 휴전선을 사이에 두고 남한과 북한은 적대국으로 살고 있는 것이다. 분단국가인 남한과 북한의 서로 다른 생활상과 가치관은 남한의 재벌 상속녀가 패러글라이딩 도중 기상 이변으로 북한에 불시착하여 북한군 장교와 사랑하면서 겪는 내용의 드라마 〈사랑의 불시착〉에서 확인할 수 있다.

드라마 〈사랑의 불시착〉

(1) 남한의 서울과 북한의 평양

　남한의 수도 서울은 대한민국의 정치·경제·사회·문화의 중심지이다. 남한 인구의 절반 가까이가 서울을 중심으로 하는 수도권에서 살고 있다. 서울 인구는 2021년 기준 950

만여 명이다. 서울에는 행정부·입법부·사법부는 물론, 삼성과 현대 등의 크고 작은 사업체의 본사가 있다. 정부 기구 중 행정부는 2012년 행정중심복합도시로 조성된 세종특별자치시로 이전하였다. 조선시대부터 수도의 역할을 했던 서울은 오랜 역사만큼 전통문화유산은 물론 현대문화시설이 많아 해마다 수많은 외국인 관광객이 찾는 문화도시이기도 하다.

서울의 야경

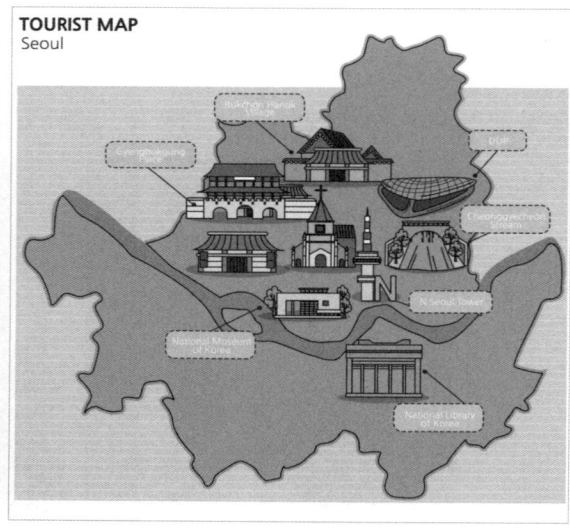

서울의 명소

북한의 수도 평양은 정치·행정·경제·문화를 이끄는 북한 제일의 도시이다. 사회주의 나라인 북한에서 평양은 폐쇄적인 것으로 유명했다. 그러나 1990년대 이후 평양도 남한과 다른 나라의 영향을 받아 조금씩 변화하고 있다. 자신들만의 세상에 살면서 외국에 대해 여전히 굳게 문을 닫고 있지만, 과거와 다르게 시장과 문화를 개방하려는 움직임이 활발하다.

평양의 명소

평양 전경

(2) 남한의 한라산과 북한의 백두산

한라산은 남한에서 가장 높은 산(1,947m)으로 제주도 한가운데에 우뚝 솟아 있다. 옛날 사람들은 한라산 꼭대기에 서면 하늘의 은하수(한)를 잡아당길 수 있다고 생각해서 산 이름을 '한라산'이라고 불렀다고 한다. 사계절 아름다운 경치를 자랑하며 더운 지방의 식물부터 추운 지방의 식물까지 다양한 종류의 식물을 만날 수 있다.

한라산 풍경

한라산은 오래전 화산이 폭발하면서 만들어졌다. 한라산 꼭대기에는 백록담이라는 호수가 있다. 백록담은 너무 아름다워서 신선이 하늘에서 흰 사슴을 타고 내려와 술을 마셨다고 한다. 백록담 주변에는 쉽게 볼 수 없는 귀한 식물들이 많아서 더욱 유명하다. 매년 겨울에는 '한라산 눈꽃축제'가 열리는데 한국인과 외국인 관광객에게 인기가 많다.

제주도의 관광지

　백두산은 약 2,750m로 한반도 전체에서 가장 높은 산이다. 옛날부터 한국인들은 백두산을 신성한 산으로 생각했다. 한반도의 수많은 산들이 백두산 줄기에서 시작되기 때문이다. 백두산에는 2,700 종이 넘는 다양한 식물이 살고 있어서 식물의 '보물 창고'라고 불린다. 백두산도 한라산처럼 화산 활동으로 만들어졌다. 한라산에 백록담이 있듯이 백두산 꼭대기에는 천지가 있다. 천지는 경치가 아름답고 신비해서 옛날 사람들은 호수 밑에 궁전이 있다거나 용이 산다는 등 재미있는 상상의 이야기를 만들어 냈다.

백두산 천지 설경

백두산 천지 전경

백두산 장백폭포

대한민국 산악 지형

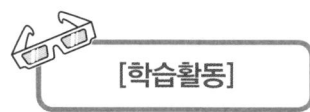 [학습활동]

1. 이번 장에서 학습한 단어의 뜻을 정리하여 문장으로 작성해보자.

1) 행정중심복합도시 :

2) 한라산 백록담 :

3) 백두산 천지 :

2. 서울에서 꼭 방문해보고 싶은 곳을 지도에 표시하고 이유를 발표해보자.

3) 남한과 북한의 이산가족과 통일

한국전쟁 당시 많은 사람들이 혈육과 헤어졌다. 혈육과 헤어진 사람들을 이산가족이라고 하는데, 연락이 끊긴 이산가족은 서로 살았는지 죽었는지 알 수 없어 안타깝게 생활하고 있다. 남한과 북한을 가르는 휴전선 때문에 고향에 돌아갈 수 없게 된 피란민들도 많았다. 꿈에도 그리운 고향과 사랑하는 가족들을 가슴에 안고 살아가는 실향민들과 이산가족 문제는 분단한국의 현실이다. 분단에서 비롯한 이산의 아픔과 피난민의 고통은 영화〈길소뜸〉과〈국제시장〉에서 확인할 수 있다.

영화〈길소뜸〉

영화〈국제시장〉

(1) 이산가족 상봉을 위한 남북 관계 정상화

전쟁으로 남한과 북한에는 가족과 고향을 잃어버린 사람들이 약 1,000만 명에 이른다. 남한과 북한이 나뉘고 두 나라 사이에는 휴전선이 생겼기 때문이다. 남한과 북한의 이산가족은 죽기 전에 혈육을 만나고 싶어 했지만 정치적 이유 때문에 만날 수가 없었다. 남한과 북한의 정부는 2000년대를 전후로 남북 관계를 개선하기 위한 노력을 시작했다. 당시 한국의 김대중 대통령이 많은 노력을 기울인 끝에 2000년 6월 14일 분단 55년 만에 한국 대통령과 북한 지도자가 평양에서 만났다. 이 자리에서 한국의 김대중 대통령과 북한의 김정일 국방위원장은 6·15 공동선언문을 발표하였다. 선언문에는 남과 북이 힘을 합쳐서 스스로 평화통일을 이루자는 내용이 담겼다. 그리고 서로 도와서 경제를 발전시키고 여러 분야에서 교류하자고 약속하였다.

남북 경제 협력

남북한 정상의 만남으로 통일을 향한 희망을 갖게 되었다. 특히 6·15 남북공동선언 이후 남한과 북한에 헤어져 살던 이산가족이 만남의 자리를 갖고 뜨거운 눈물을 흘렸다.

2000년 첫 만남을 시작으로 2018년까지 약 20여 차례의 이산가족 찾기 행사가 이루어졌다.

남북 이산가족 상봉

(2) 남북 정상회담과 통일의 가능성

　김대중 대통령에 이어서 노무현 대통령도 2007년 평양을 방문해서 북한의 김정일 위원장과 남북정상회담을 열었다. 그 결과 남북 교류가 활발해졌지만, 2008년 남한의 정권이 교체되면서 남북 간의 화해 분위기가 지속되지 못했다. 그리고 세 번째로 2018년에 북한의 새로운 지도자 김정은 위원장이 판문점 평화의 집을 방문하여 남한의 문재인 대통령을 만났다. 남북정상회담이 남한 땅에서 이루어진 것이다. 남한과 북한이 통일을 기대할 수 있는 역사적인 날이었으나, 미국과 중국을 비롯한 국제 정세 때문에 통일의 가능성이 지연되고 있다.

남북 평화 정착을 위한 시작

　남한과 북한이 두 나라로 갈라져 살아 온 세월이 80년이 넘는다. 2022년 현재 두 나라의 정치, 경제, 사회, 문화는 서로 많이 다르다. 한국인과 북한 사람들의 생각하는 방식과 가치관은 말할 것도 없고 경제적인 차이는 매우 크다. 통일에 대한 생각도 사람마다 다르다. 남한의 젊은 사람들 중에는 남북통일에 대해 반대하는 사람이 많다. 통일 후 혼란이 생길 수 있고 비용도 많이 들어서 부담스럽기 때문이다. 이와 반대로 두 나라가 합치면 세계 속에서 위상이 높아지고 국방비를 아낄 수 있어서 훨씬 이익이라고 생각하는 사람도 있다.

통일을 위한 기원

　한국의 초등학생들은 <우리의 소원은 통일>이라는 동요를 배운다. "우리의 소원은 통일, 꿈에도 소원은 통일"로 시작하는 노랫말에서 통일을 이루고 싶어 하는 한국인의 마음을 확인할 수 있다. 이처럼 한국인들은 북한과 평화적인 통일을 바라왔다. 북한에 이산가족이 있거나 대한민국의 발전을 위해 통일이 필요하다는 사람들은 더욱 통일을 원한다.

> 우리의 소원은 통일 꿈에도 소원은 통일
> 이 정성 다 해서 통일 통일을 이루자
> 이 겨레 살리는 통일 이 나라 살리는 통일
> 통일이여 어서 오라 통일이여 오라

〈우리의 소원은 통일〉 노래 가사

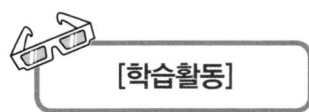

[학습활동]

1. 이번 장에서 학습한 단어의 뜻을 정리하여 문장으로 작성해보자.

1) 이산가족 :

2) 평화통일 :

3) 남북정상회담 :

2. 남북 이산가족 상봉 행사 관련 뉴스를 찾아 감상하고 소감을 발표해보자.

더 읽을거리와 볼거리

(1) 영화 〈동주〉

일제강점기 시인 윤동주와 송몽규의 아름다웠지만 슬픈 청춘 이야기이다. 두 사람은 사촌으로 어릴 때부터 친한 친구처럼 자란다. 명석하여 성적이 좋았던 두 사람은 연희전문학교(지금의 연세대학교)에서 공부하다 나란히 일본으로 유학을 떠나고 식민지 조선의 청년으로서 점차 시대와 민족의 답답한 현실을 직면하게 된다. 문학으로 일제에 맞서고자 했던 두 청년은 광복을 앞두고 감옥에서 일제의 실험대상(마루타)이 되어 죽어간다. 일제는 교묘한 방법으로 식민지 조선의 청년들을 학대하며 처참히 짓밟는다. 약물실험에 지친 몽규는 저항을 포기하지만 동주는 끝까지 일제에 굴복하지 않고 죽음을 선택한다. 일제 식민지 시절 한국인들의 서글프지만 아름다웠던 모습을 담고 있는 영화로 가슴 아픈 역사의 현장을 떠올리게 한다.

(2) 드라마 〈옥란면옥〉

2018년 추석특집극으로 방영된 작품이다. 아흔의 나이가 다 된 노인 달재는 70년 동안 평양냉면을 만들어 왔다. 냉면가게인 옥란면옥의 '옥란'은 노인 달재의 첫사랑으로 달재가 남한으로 내려오면서 헤어졌다. 달재는 북한에 두고 온 옥란을 평생 그리워하면서 살고 있는 것이다. 아들 봉길은 답답한 시골을 떠나 서울로 가고 싶어 하는데 어느 날 탈북여성 영란이 냉면가게에 나타나 서로 사랑에 빠지게 된다. 이산의 아픔과 탈북민들의 이야기로 전쟁을 겪지 않은 사람들에게 전쟁의 아픔을 일깨워주는 드라마이다.

(3) 영화 〈쉬리〉

한국전쟁이 끝났지만 남한과 북한은 휴전선을 경계로 서로 대치중이다. 같은 민족이지만 서로에게 위협이 되는 존재이며 적군이다. 영화 〈쉬리〉는 가장 사랑하는 여인이 북한의 첩보원이었음을 알게 되는 과정에서 한국의 국가정보원 요원이 갈등하는 모습을 담고 있다. 한국의 분단 현실을 실감하게 하는 영화이다.

(4) 드라마 〈파친고〉

OTT 플랫폼을 통해 서비스되어 해외에서 호평받은 작품이다. 재일교포들의 고단한 삶을 사실적으로 담은 드라마 〈파친고〉는 일제강점기에 나라를 떠나 떠도는 한국인들의 비참한 모습을 보여준다. 제목 '파친고'는 일자리가 없었던 재일한국인 청년들이 일하던 곳이며 일본 사회에서 무시당하는 한국인들의 다른 이름이기도 하다. 나라 잃은 민족이 겪는 수모와 차별이 현재를 돌아보게 한다.

(5) 영화 〈인천상륙작전〉

예상하지 못했던 갑작스러운 전쟁으로 남한은 한 달 만에 낙동강 지역을 제외하고 국토의 대부분을 빼앗겼다. 유엔 총사령관 맥아더 장군은 패배하고 있는 전쟁 상황을 바꾸기 위해 특별 작전을 세운다. 중요 상륙지인 인천에 대한 정보를 얻기 위해 8명의 첩보원이 비밀리에 활동하는 이야기를 담고 있다. 긴박했던 전쟁터에서 나라를 지키기 위해 목숨을 바쳐 싸웠던 사람들의 이야기를 통해 전쟁의 폐해와 나라 사랑의 교훈을 확인할 수 있다.

2
민주주의와 선거

　민주주의는 국민이 권력을 갖고, 스스로 행사하는 정치 제도이다. 그리고 민주주의 국가는 주권이 국민에게 있으며 국민의 뜻에 따라 운영되는 정치를 구현하는 나라이다. 한국은 '완전한 민주주의(Full democracy)' 국가로 민주주의 제도와 가치를 실현하고 있다. 그러나 한국이 민주주의 국가를 수립하는 과정은 순탄하지 못했다. 일제강점기와 한국전쟁 그리고 분단을 거친 후에도 군사정권으로 인해 완전한 평화를 이룰 수 없었기 때문이다. 수십 년간 국민이 힘을 모아 군사정권에 저항함으로써 비로소 온전한 민주주의 국가를 이루었다.

1) 독재 정권에 저항하여 쟁취한 민주주의

해방 이후 남한은 북한과 달리 자유민주주의 국가가 되었다. 하지만 완전한 민주주의를 이루기까지 과정은 매우 험난했다. 한국의 초대 대통령 이승만과 정치인들의 부정부패 때문이었다. 참다못한 국민들은 독재정권에 반대하면서 민주주의 실현을 위해 힘을 모았다. 1960년 4월 19일, 대한민국 민주주의의 역사를 바꾼 4·19혁명이 일어났다. 영화 〈효자동 이발사〉는 효자동의 평범한 이발사가 제1공화국 대통령의 전속 이발사가 되면서 겪는 일들을 다루면서 주목을 받았다. 1945년 8·15광복에서부터 1960년 4·19혁명, 그리고 제3공화국을 지나 제5공화국에 이르는 격동의 한국 현대사를 평범한 시민의 시선으로 형상화한 점이 흥미롭다.

영화 〈효자동 이발사〉

(1) 대구 2·28민주운동과 대전 3·8민주의거

 1960년 2월 28일 대구에서 고등학생들에 의해 일어난 2·28민주운동에 이어, 3월 8일 대전지역 고등학생 약 1,000여 명이 독재 타도를 부르짖으며 가두로 나왔다. 대전 3·8민주운동은 1960년 자유당 정권 아래에서 제4대 정·부통령 선거를 앞두고 야당 후보의 선거운동을 방해하자 대전지역 고등학교 학생들이 중심이 되어 일으킨 민주화 운동이다. 이 시위가 경찰에 의해 강제로 진압되면서 시민들이 가세하여 규모가 커져 10일까지 계속되었으며, 이후 3·15마산의거와 4·19혁명으로 이어지면서 대한민국 민주화 역사에 큰 이정표로 기록되었다.

대전 3·8민주의거 기념탑

(2) 1960년 3·15 부정선거와 4·19 혁명

　대한민국 제헌국회 의장 이승만은 1948년 7월 17일 공포된 대한민국 헌법에 따라 같은 해 7월 20일 치러진 간접선거에서 대통령에 당선됐다. 이후 12년 동안 1인 독재 정치를 이어가다가 제4대 대통령 선거마저 부정으로 치렀다. 대통령이 되기 위해 투표함을 바꿔치기 하는 등 선거 과정에서 온갖 부정한 방법을 동원한 것이었다. 이러한 상황을 참을 수 없었던 국민은 이승만과 그의 정권에 저항했다. 이 과정에서 부정 선거를 탄대하는 시위에 참여했던 고등학생 김주열이 경찰에게 살해당한 시체로 발견되는 사건이 발생하였다. 이에 분노한 국민은 이승만 대통령의 하야를 요구하며 대통령 관저까지 진입하였다.

　1960년 4월 19일 대학생과 중·고등학교 학생들을 중심으로 한 시위대가 목숨을 걸고 광장에 나와 대통령을 바꿔야 한다고 외쳤다. 결국 이승만 대통령이 4월 26일 하야를 결정하고 5월 29일 하와이로 망명하면서 12년간의 독재 정치가 끝났다.

4·19혁명 기념일 포스터

(3) 5·16군사쿠데타와 12·12군사쿠데타

한국 국민들은 4·19혁명에 참여하여 목숨을 잃으면서까지 민주주의를 지키려 했지만, 그토록 원하던 민주주의 국가는 쉽게 실현되지 못했다. 1961년 5월 16일 박정희가 군사 쿠데타를 일으켰고 민주주의와는 거리가 먼 군부독재가 시작되었다. 박정희는 언론의 자유를 억압하고 대통령의 권한을 강화하는 유신헌법을 만들며 독재정치를 이어나갔다. 1979년 10월 26일 중앙정보부장 김재규가 쏜 총을 맞고 박정희가 사망하였다. 10·26사태를 계기로 박정희 군부독재가 끝나면서 대한민국 국민은 진정한 민주주의가 실현될 것이라는 희망을 가졌다. 그러나 같은 해 12월 12일 육군 소장 전두환이 군사쿠데타를 일으키면서 정권을 장악하였다. 군사독재 정치가 다시 시작된 군부독재 관련 사항은 영화 <그때 그사람들>과 <남산의 부장들>에서 확인할 수 있다.

영화 <그때 그사람들>

영화 <남산의 부장들>

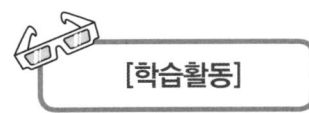

[학습활동]

1. 이번 장에서 학습한 단어의 뜻을 정리하여 문장으로 작성해보자.

1) 4·19혁명 :

2) 부정선거 :

3) 군사독재정치 :

2. 서울의 4·19혁명 기념탑이나 대전의 3·8민주의거 기념탑을 방문하여 사진을 찍고 방문 소감을 발표해보자.

2) 1980년대의 민주화 운동

박정희와 전두환으로 이어지는 군사독재정권에 맞서 싸운 대한민국의 국민은 긴 시간을 민주주의의 실현을 위해 애써왔다. 국민의 희생과 용기로 현재의 대한민국이 이루어진 것이다. 5·18 광주민주화운동과 6월 항쟁 등의 민주화운동을 통해 국민이 주권을 행사하는 민주주의가 뿌리 내리기 시작했다. 영화 <화려한 휴가>와 드라마 <오월의 청춘>은 1980년 5월 전두환이 정권을 유지하기 위해 일으킨 광주학살로 희생된 청춘남녀를 중심으로 당시의 비극을 형상화하여 주목받았다.

영화 <화려한 휴가>

드라마 <오월의 청춘>

(1) 1980년 광주, 5·18민주화운동

1979년 10월 26일 대통령 박정희의 죽음을 계기로 그의 후계자를 자처한 보안사령관 전두환이 12월 12일 군사쿠데타를 일으켜 정권을 장악했다. 군부독재정권이 끝나지 않은 것이다. 이에 저항하여 전국에서 학생들과 시민들이 한국의 민주화를 위한 시위를 벌였다. 그러나 군사정권은 힘으로 시위대를 막아섰다. 마침내 1980년 5월 18일 광주에서 민주화를 외치는 학생들과 시민들을 향해 전두환의 지시를 받은 군인들이 무자비하게 폭력을 가하며 총을 쏘아 사살하는 비극이 발생하였다. 1980년 5월 18일부터 10일간 광주에서는 민주화운동에 참여한 224명의 국민이 사망하거나 실종됐다. 부상자는 3,000명이 넘었다. 한국전쟁 이후 가장 많은 사람들이 희생되었다. 5·18민주화운동은 군사독재에 맞서서 민주주의를 지키려는 국민의 거센 요구였다. 5·18민주화운동의 정신은 1987년 6월 민주항쟁으로 이어지게 된다.

5·18민주화운동 기념일 행사 포스터

(2) 1987년 전국, 6·10민주항쟁

　대한민국 국민은 전두환 군부독재에 반대하고 대통령 직접 선거를 요구하며 시위를 이어갔다. 1987년 6·10민주항쟁으로 마침내 국민을 탄압하던 군사정권이 국민 앞에 무릎을 꿇었다. 민주주의를 향한 수많은 국민의 노력과 희생으로 거둔 결실이었다. 이처럼 1987년에 6월 일어난 민주 항쟁은 대한민국을 민주주의 국가로 만든 역사적 사건이다. 이를 계기로 정치와 언론의 자유가 확대되었고, 민주주의 가치와 권리가 담긴 개헌이 이루어졌다. 6·10민주항쟁에 굴복한 군사정권은 6·29 선언을 통해 대통령 직선제 등을 수용하였고, 이후 대한민국 국민은 개정된 헌법에 따라 직접 대통령을 뽑게 되었다. 영화 〈1987〉은 6·10민주항쟁의 시작과 끝을 알 수 있는 작품으로 주목받았다.

영화 〈1987〉

6·10민주항쟁 기념일

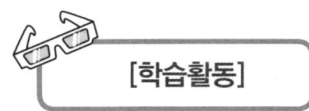

[학습활동]

1. 이번 장에서 학습한 단어의 뜻을 정리하여 문장으로 작성해보자.

1) 군사쿠데타 :

2) 5·18민주화운동 :

3) 6·10민주항쟁 :

2. 한국의 민주화운동에 대한 소감을 발표해보자.

3) 주권재민주의와 선거제도

　대한민국 국민은 누구나 자유롭게 자신의 의사를 표현할 수 있는데, 가장 대표적인 방법이 선거에 참여하여 주권을 행사하는 것이다. 국민의 뜻에 따라 선출된 대통령, 국회의원, 지방자치단체장, 지방의회의원 등은 국민을 대표해서 행정부, 입법부 및 지방자치단체와 지방의회를 이끌어 나간다. 18세 이상의 국민이면 누구나 평등, 비밀, 직접 선거의 원칙에 따라 투표에 참여할 수 있다. 영화 〈정직한 후보〉는 거짓말이 제일 쉬운 3선 국회의원이 선거를 앞둔 어느 날 갑자기 진실만을 이야기하는 후보로 변하면서 벌어지는 이야기를 통해 한국의 선거를 풍자한 코미디로 주목받았다.

영화 〈정직한 후보〉

(1) 국가의 주인은 국민, 주권재민주의

> 대한민국 헌법
> 제1조
> ① 대한민국은 민주공화국이다.
> ② 대한민국의 주권은 국민에게 있고, 모든 권력은 국민으로부터 나온다.

헌법은 그 나라를 운영하는 기본 원칙이다. 한국의 헌법 제1조에는 대한민국이 민주공화국임을 밝히고 있다. "국민이 주인이 되어 이끌어 나가는 나라"라는 뜻이다. 민주주의 국가에서는 헌법에 따라 나라를 다스리며 헌법은 인간의 존엄성, 자유와 평등 같은 국민의 기본 권리를 보장한다. 대한민국의 헌법은 3·1운동과 4·19혁명의 정신을 따르며 평화 통일, 세계 평화, 인류 발전을 추구한다. 대한민국 헌법은 "모든 국민은 행복을 추구할 권리"가 있다는 사실을 분명히 하고 있다. 이처럼 대한민국의 헌법은 국민의 행복을 보호하기 위해 만들어졌다.

3·1운동

4·19혁명

(2) 선거를 통한 정치참여

군사독재정권이 끝나고 한국인들은 정치에 자유롭게 참여할 수 있게 되었다. 한국인은 정치적 문제가 발생할 때마다 목숨을 걸고 시위에 참여할 만큼 민주주의에 대한 열망이 컸다. 한국인은 선거를 통해 정치적 의사를 표현하고 다양한 정치 활동에 적극적으로 참여함으로써 민주주의를 발전시키고 있다.

(3) 한국의 선거제도

민주주의 국가에서 선거는 국민의 의사를 정치에 반영하는 제도이다. 선거는 국민을 대신하여 나랏일을 맡아 할 대표를 뽑는 정치 행위로, '민주주의의 꽃'으로 불린다. 국가의 주인인 국민이 자신의 권리와 의무를 수행하는 가장 중요한 일이기 때문이다.

민주주의 선거

대한민국 정부 수립 이후 선거제도가 여러 번 바뀌고, 부정선거 때문에 혼란을 겪기도 했다. 그러나 1987년 6·10민주항쟁을 통해 간선제에서 직선제로 개헌하고, 1991년 3월 30여 년 만에 지방선거를 부활하여 절차적 민주주의를 완성하였다.

대한민국의 선거

나라마다 선거에 참여할 수 있는 나이가 다른데, 한국에서는 2019년 공직선거법 개정에 따라 18세 이상의 유권자는 선거권을 행사할 수 있게 되었다. 대통령 후보로 출마할 수 있는 나이는 40세 이상이다. 그리고 국회의원과 지방의회의원 후보 출마 자격은 2021년 공직선거법 개정을 통해 25세 이상에서 18세 이상으로 개정되었다.

대한민국의 선거 연령

선거 기간에 외국에 가야 한다면 '사전 투표 제도'를 이용할 수 있다. 한국에서는 선거일 전 5일부터 2일 동안 전국의 사전투표소에서 투표에 참여할 수 있다. 선거의 모든 과정은 중앙선거관리위원회가 엄격하게 관리한다.

대한민국의 사전 투표 제도

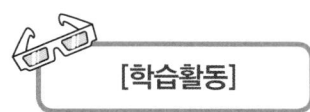

[학습활동]

1. 이번 장에서 학습한 단어의 뜻을 정리하여 문장으로 작성해보자.

1) 주권재민주의 :

2) 한국의 선거제도 :

3) 사전투표제도 :

2. 한국과 모국의 정치 제도를 비교하여 발표해보자.

더 읽을거리 & 볼거리

(1) 영화 〈택시운전사〉

'택시비 10만원'을 벌기 위해 외국인 기자를 태우고 서울에서 광주로 내려간 택시운전사가 5·18광주민주화운동에 휩쓸리면서 발생하는 이야기를 다룬다. 총과 탱크를 앞세운 군인들의 무자비한 폭력 앞에 영문을 모르기는 광주 시민들도 마찬가지이다. 자식이, 이웃이, 그리고 사랑하는 사람이 전두환 군부독재에 맞서 싸우다 죽어 간다면 어떻게 해야 할지, 비극의 현장을 목격하게 된다면 어떻게 행동할 것인지에 대해 질문을 던지면서 5·18민주화운동의 의미를 짚고 있다.

(2) 영화 〈변호인〉

"대한민국 주권은 국민에게 있고, 모든 권력은 국민으로부터 나온다. 국가란 국민이란 말입니다." 영화 〈변호인〉의 송우석 변호사가 법정에서 외친 가슴 절절한 대사이다. 1980년 5·18민주화운동에 앞장서다 감옥에 갇히고 수사관에게 무자비하게 폭행당한 대학생과 그를 변호하는 변호사의 이야기이다. 대한민국 16대 대통령 노무현의 변호사 시절 변론했던 실제 사건을 모티브로 민주화 운동의 역사를 다뤄 화제가 되었다. 대한민국의 민주주의를 위해 수많은 사람의 희생과 노력이 있었다는 역사적 사실을 기억하게 하는 작품이다.

(3) 드라마 〈제5공화국〉

박정희 군부독재의 종식과 함께 새롭게 등장한 전두환 신군부가 대한민국의 민주화를 가로막은 정치 이야기를 담고 있다. 1979년 12·12군사쿠데타로 정권을 장악한 전두환이 국민의 민주화 열망을 짓밟고 간선제를 통해 대통령이 되기까지의 과정을 다뤘다. 1980년 5·18민주화운동을 시작으로 1987년 6·10민주항쟁으로 이어지는 민주화의 과정을 다큐멘터리 형식으로 연출하여 화제를 모았다.

(4) 영화 〈그때 그사람들〉

1979년 10월 26일은 대한민국의 현대사에서 빠질 수 없는 사건이 발생한 날이다. 1961년 5·16군사쿠데타로 정권을 장악하고 대통령이 된 박정희가 중앙정보부장 김재규의 총을 맞고 사망하면서 20여 년의 군사독재정권이 무너진 날이기 때문이다. 대한민국 현대사에서 정치적 격변이 발생한 날로 기록되고 있는 1979년 10월 26일 역사의 현장에 있었던 사람들의 이야기를 사실적으로 연출하여 박정희 군사정권의 말로에서 전두환 신군부 세력의 등장에 이르는 과정을 돌아보게 하였다.

3 경제 체제

20세기 한국은 일제강점기와 해방 그리고 분단과 전쟁이라는 정치적 비극 때문에 경제적으로 상당한 어려움을 겪었다. 특히 6·25한국전쟁을 겪으면서 많은 것이 파괴되었고, 이로 인해 선진국의 경제 원조가 아니면 생존조차 어려운 위기에 처하였다. 그러나 1960년대 시작한 산업화와 근대화를 통해 '한강의 기적'으로 불릴 정도로 세계가 놀랄 만한 경제 발전을 이루었다. 비록 1997년 IMF외환위기로 국가 부도 사태를 겪기도 했지만, 어려울수록 힘을 모아야 한다는 공동체 정신으로 경제 위기를 극복하였다. 21세기에 접어들어 조선·자동차·반도체 강국의 위상을 확고히 하고, 전국적으로 인터넷 기반 시설을 구축함으로써 IT산업 강국으로 도약하였다. 또한 문화산업 분야에서 세계가 놀랄 만한 성과를 이룩함으로써 개발도상국에서 선진국으로 진입하였다.

1) 혼합경제와 경제민주화

"돈을 벌려면 땀을 흘려선 안 된다. 남의 땀을 훔쳐야 한다." 신도시 개발 광풍에 휘말려 억울하게 세상을 떠난 아버지 때문에 자본의 생리를 깨달은 주인공이 싸늘하게 웃으며 말한다. 시멘트 회사로 시작하여 굴지의 재벌그룹으로 성장한 성진그룹의 경영권을 차지하기 위한 자본의 게임을 형상화한 드라마 〈황금의 제국〉은 압축 성장과 그로 인한 폐해, 그리고 경제위기를 통해 한국 자본주의의 명암을 잘 보여준 작품이다.

드라마 〈황금의 제국〉

영화 〈돈〉은 부자가 되겠다는 야망을 품고 서울 여의도 증권가에 취직한 신입 주식 브로커를 통해 한국 자본주의의 실상을 폭로한다. 오직 혼자만의 힘으로 살아남아야 하는 직장에서 해고 위기에 처한 주인공은 정체를 숨긴 증권시장의 '작전' 설계자에게 막대한 이익을 챙길 수 있는 거래 참여를 제안받는다. 이를 통해 순식간에 거금을 벌지만, 금융감독원

영화 〈돈〉

의 조사를 받게 되면서 막다른 궁지로 몰린다. 영화 〈돈〉은 자본주의 시장의 꽃으로 불리는 '주식'을 매개로 한국 경제의 단면을 형상화하여 주목받았다.

드라마 〈황금의 제국〉과 영화 〈돈〉은 '부자'가 되고 싶은 욕망에 사로잡힌 인물들을 통해 한국 자본주의의 명암을 보여준다. 〈황금의 제국〉이 재벌가를 배경으로 자본

이 움직이는 방식을 보여주었다면, <돈>은 주식 거래를 둘러싼 작전 세력과 이를 감시하는 금융감독원의 활약을 보여주었다. 따라서 <황금의 제국>과 <돈>은 한국식 자본주의의 작동 방식 이해에 도움을 준다.

(1) 시장경제와 계획경제

대한민국 헌법 119조 1항은 한국의 경제 질서를 "개인과 기업의 경제상의 자유와 창의를 존중함을 기본"으로 정의한다. 그리고 2항에서 "국가는 균형 있는 국민경제의 성장 및 안정과 적정한 소득의 분배를 유지하고, 시장의 지배와 경제력의 남용을 방지하며, 경제 주체 간의 조화를 통한 경제의 민주화를 위하여 경제에 관한 규제와 조정을 할 수 있다."고 규정한다. 시장경제와 계획경제가 혼합되어 있는 것이다.

시장경제는 분업 체제로 생산한 재화와 용역을 자유 가격 체제의 수요와 공급 관계에 따라 분배하는 것이다. 계획경제는 생산 수단을 공적으로 소유하고, 경제 활동이 생산 목표량을 결정하고, 생산기업에 원료를 할당하는 것을 중앙기관이 통제하고 결정하는 것이다.

(2) 경제민주화

경제민주화는 자본주의 경제 체제에서 공정한 시장 경쟁 질서를 확립하기 위해 국가가 적극적으로 개입하여 경제적인 민주주의를 달성하는 것이다. 대한민국 헌법은 소득 재분배와 독점규제를 경제민주화의 핵심으로 강조한다. 소득 재분배는 조세나 사회 복지를 통해 정책적으로 소득 분포를 고치는 것이다. 조세 제도를 통한 소득 재분배는 고소득층에게 더 많은 세금을 거두고 저소득층의 세금을 면제해주거나 적게 걷는 방식이다. 사회 보장 제도 같은 사회 복제는 개인이 질병이나 재해, 실직 등의 어려움을 겪더라도 인간답게 살 수 있도록 해주는 제도이다. 국민연금, 고용보험, 의료보험 등의 사회 보험과 국민기초생활보장제도 같은 공공부조가 대표적이다. 독점규제는 경제 분야의 공정성을 지키는 방법이다. 자본주의 경제 체제에서 독점과 과점으로 자본이 소수에 집중되면 경제력 차이가 발생하여 공정한 경쟁이 어려워진다. 따라서 국가는 사업자의 시장 지배적 지위의 남용과 과도한 경제력 집중을 방지하고 공정거래를 촉진하기 위한 정책들을 추진한다.

https://cafe.daum.net/gajavn/UlE5/7758?q=%ED%97%8C%EB%B2%95119%EC%A1%B0

(3) 공정거래위원회

공정거래위원회는 독점 및 불공정거래에 관한 사안을 담당한다. 경제 활동의 기본 질서를 확립하고 부당한 공동행위나 불공정거래 행위를 규제한다. 반경쟁적 규제 개혁이나 불공정거래 행위 금지를 통해 경쟁을 촉진하고, 소비자 주권을 확립하며, 중소기업의 경쟁 기반을 확보하는 기능을 수행한다.

https://www.ftc.go.kr/www/contents.do?key=327

(4) 한국거래소

코스피(Korean Composite Stock Price Index)는 한국 종합주가지수를 의미하는데, 영어 약자로는 KOSPI로 표기한다. 시가총액은 주식시장에 상장되어 있는 모든 주식을 시가로 평가한 금액이다. 모든 상장 종목별로 당일의 종가나 당일의 가격이 없는 경우에는 최근 매매된 가격에 상장되어 있는 주식의 수를 곱한 뒤 이를 합하여 산출한다. 이 지표는 일정 시점에서 주식시장의 규모를 표시하는 것은 물론, 국가의 경제 규모를 측정할 수 있는 중요한 경제지표로도 쓰인다. 상장주식 시가총액은 주식시장의 규모를 국제적으로 비교하는 척도가 되기도 한다.

코스닥(Korea Securities Dealers Automated Quotation)은 영어 약자 KOSDAQ으로 표기한다. 1996년 7월 1일 증권협회와 증권회사들이 합작으로 설립한 코스닥증권주식회사에 의해 개설되었다. 1971년 미국에서 장외시장의 자동화를 위해 개설된 후 주로 첨단기술기업을 중심으로 운영되는 나스닥(NASDAQ)을 모델로 만들어졌으며, 중소기업의 자본조달시장 및 투자마당으로 독립적인 역할을 수행한다. 코스피와 함께 한국을 대표하는 증권시장이다.

http://www.krx.co.kr/main/main.jsp

(5) 한국의 은행들

한국은행(The Bank of Korea)은 대한민국의 중앙은행이자 발권은행이다. 효과적인 통화신용정책을 통해 물가 안정과 국가 경제 발전에 이바지함을 목적으로 설립되었다. 화폐 발행을 비롯하여 통화신용정책의 수립과 집행, 금융 시스템의 안정, 지급결제 제도의 운영 및 관리, 외환 자산의 보유 및 운용, 경제 조사 및 통계 작성 등을 주로 담당한다.

일반 은행에는 시중은행, 특수은행, 지방은행 등이 있다. 시중은행은 대도시에 본점을 두고 전국적인 지점망을 갖고 있는 은행으로 KB국민은행, 신한은행, 우리은행, KEB하나은행 등이 있다. 특수은행은 특정 부문에 대한 자금 공급을 위해 정부가 직접 감독하고 관리하는 은행으로 KDB산업은행, IBK기업은행, 한국수출입은행, NH농협은행, 수협은행 등이 있다. 지방은행은 금융업무의 지역 분산과 지역 경제 균형발전을 위해 지방 단위의 민간 출자로 설립된 은행으로 경남은행, 광주은행, 대구은행, 부산은행, 전북은행, 제주은행 등이 있다. 2021년 이후 대전충남세종 권역에서도 지방은행을 설립하기 위해 움직이고 있다.

서울의 한국은행 본점

한국의 일반 은행들

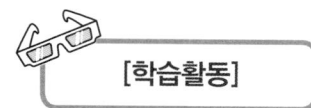 [학습활동]

1. 이번 장에서 학습한 단어의 뜻을 정리하여 문장으로 작성해보자.

1) 경제민주화 :

2) 시장경제 :

3) 한국거래소 :

2. 한국은행의 인터넷 홈페이지를 방문하여 화폐박물관을 온라인으로 견학하고 한국의 화폐에 대해 설명해보자.

2) 경제 발전과 산업 구조의 변화

배우 최불암이 연기한 김회장은 드라마 <전원일기>가 방영되었던 1980년부터 2002년까지 20여 년 동안 양촌리를 지켜 온 한국의 전형적인 아버지이다. 그는 지극 정성으로 노모를 봉양하면서 출가한 자식과 함께 생활하는 대가족의 가장인 동시에 양촌리 마을 사람들의 존경을 한몸에 받는 정신적 어른이다. 양촌리 김회장 일가를 중심으로 농사를 지으며 살아가는 사람들의 사연을 정감 어린 시선으로 풀어낸 <전원일기>는 푸근한 고향의 상징으로 진한 향수와 감동을 전했다. 산업화·근

드라마 <전원일기>

대화와 함께 한국의 산업 구조가 1차산업에서 2차산업으로 빠르게 변화했음에도 불구하고, 한국인에게 마음의 고향으로 남아 있는 농촌의 풍경이 <전원일기>의 배경인 양촌리에 고스란히 담겨 있다.

한국의 산업 구조는 1962년 제1차 경제개발계획을 통해 빠르게 변화하기 시작했다. 1960년대 이전까지는 농업과 어업 위주의 1차산업에 집중되었지만, 경제개발계획 이후 제조업 중심의 2차산업으로 변화하였다. 1990년대 이후 3차산업으로 재편된 한국의 산업 구조는 2020년대 접어들어 4차산업으로 변화하고 있다.

(1) 한국의 1차산업과 지역 특산물

　농업·임업·어업·광업·채석업과 광물질의 추출 등을 포함하는 1차산업은 경제 활동에서 차지하는 비중이 높지 않지만, 일상생활과 직결된 산업이라는 점에서 매우 중요하다. 한국의 1차산업은 1986년 9월 우루과이 푼타델에스테에서 열린 관세 및 무역에 관한 일반협정(GATT), 이른바 '우루과이 라운드'를 계기로 농산물 시장 개방이 확대되면서 위기에 직면했다. 그러나 국내산 먹거리에 대한 인식 확대로 시장 경쟁력이 높아지고, 세계적으로 'K-푸드' 열풍이 일어나면서 지역의 농수산물 수출이 증가하고 있다.

　한국의 농어촌 지역을 대표하는 특산물은 상당히 다양하다. 부산 기장의 미역, 광주 무등산의 수박, 대전 유성의 배, 대구의 사과, 제주의 감귤, 강원도 횡성의 한우, 강원도 인제의 황태, 인천 강화의 순무, 경기 안성의 유기, 경기 이천의 쌀, 충북 영동의 포도, 충북 보은의 대추, 충남 청양의 고추, 충남 금산의 인삼, 충남 논산의 딸기, 경북 의성의 마늘, 경북 상주의 곶감, 전북 고창의 복분자, 전북 순창의 고추장, 전남 여수의 갓, 전남 보성의 녹차, 전남 광양의 매실, 전남 진도의 홍주 등이 유명하다.

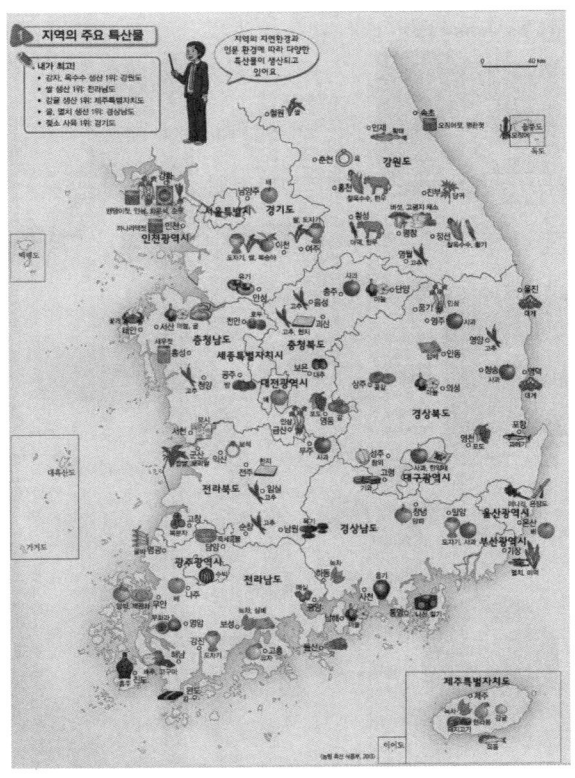

https://cafe.daum.net/ohmycafe/NZOE/2?q=%EC%A7%80%EC%97%AD%ED%8A%B9%EC%82%B0%EB%AC%BC&re=1

(2) 한국의 2차산업과 국가산업단지

    2차산업은 1차산업에서 공급되는 원료를 가공하여 소비재나 생산재를 만드는 경제활동으로 제조업을 말한다. 생산재는 다른 2차산업 부문에서 완제품, 완제품의 부품, 소비재 및 비소비재를 생산하는 데 필요한 자본재 등으로 사용된다.

    2차산업은 건설업과 수력·지열·태양열·풍력발전 등 그밖의 다른 전력산업도 포함된다. 2차산업은 중공업과 대규모 공업, 경공업과 소규모 공업으로 나눌 수 있다. 대규모 공업은 일반적으로 공장과 기계에 큰 자본투자가 요구되며, 그 시장은 다른 제조업을 포함해 크고 다양하게 구성되어 있다. 이 공업은 복잡한 산업조직과 숙련된 전문 노동 인력을 겸비한 대량생산체제를 갖추고 있다.

    한국의 2차산업은 경제개발계획에 따라 경공업 위주에서 중화학공업 중심으로 변화하면서 발전하였다. 한국의 국가산업단지는 전국적으로 분포되어 있다. 서울의 구로디지털단지, 광주의 첨단산업단지, 경북의 구미산업단지, 충북의 오송생명과학단지 등이 대표적이다.

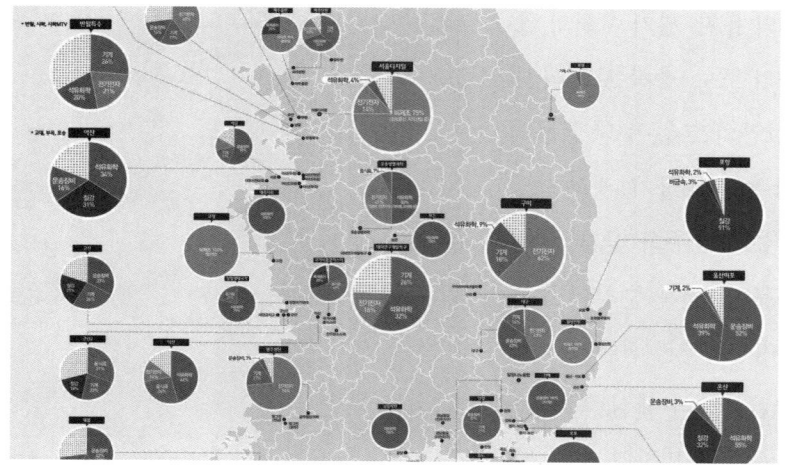

https://www.kicox.or.kr/home/mwrc/policyRsrch/fdrmPblictn/fdrmPblictn04.jsp

(3) 한국의 3차산업과 경제자유화 정책

3차산업은 서비스나 무형의 이익을 공급하고 유형의 재화를 생산하지 않지만 부를 창출하는 서비스 산업이다. 한국과 같은 혼합경제 체제에서는 민간기업과 정부기업이 결합되어 있다. 이 부문에는 금융·재정·보험·투자·부동산중개업, 도매업·소매업·전매업, 교통·정보·통신 서비스, 전문용역·자문·법률상담·개인 서비스, 관광·호텔·식당·연예업, 수리·보수업, 교육·강의, 건강관리·사회복지·행정·경찰·보안·국방 업무 등이 포함된다.

한국의 3차산업은 1980년대까지의 고도 성장기에 정부가 민간의 경제 활동에 과도하게 개입하여 각종 규제를 펼쳤던 정책에서 벗어나 시장 질서에 의존하는 방향으로 경제자유화를 추진하는 과정에서 성장하였다. 경제자유화는 금융자유화·수입자유화 및 자본자유화 정책으로 나타났다.

금융자유화는 고도 성장기 동안 정부 주도로 정책금융 위주의 신용할당을 하던 것에서 탈피하기 위한 것이다. 주요 내용은 시중은행의 민영화, 정책금융의 축소, 금융규제의 완화 및 금리자유화 등이다.

수입자유화는 1980년대 이후 지속되었던 국내 산업의 과잉보호 정책을 수정하고, 국제경쟁력이 있는 품목부터 단계적·점진적으로 추진되었다. 수입자유화 제품을 미리 알리는 예시제를 통해 국내기업의 기술개발과 품질개선 노력을 촉진하였다.

자본자유화는 1980년대 후반 제조업과 서비스 분야에 대한 외국인의 직접투자가 전면 허용되면서 시장 개방이 완료되었다. 그러나 시장 개방에도 불구하고 한국 경제에서 외국인 직접투자의 비중이 높지 않아 금융시장과 자본시장까지 개방하게 되었다.

한국 서비스 산업과 소비자의 특성을 반영하여 공동 개발한 '한국서비스품질지수'(KS-SQI, Korean Standard-Service Quality Index)는 민간 기업과 공공기관의 고객을 대상으로 서비스 품질에 대한 만족도 정도를 조사하여 발표하는 서비스 산업 전반의 품질수준을 나타내는 종합지표이다. 한국표준협회(KSA)와 서울대학교 경영연구소가 개발하였고, 매년 조사 결과를 발표한다.

https://www.ksa.or.kr/ks-sqi/3383/subview.do

(4) 한국의 4차산업

4차산업은 정보·지식 산업의 진전에 따라 사회의 문화 수준이 높아지면서 정보·지식을 자본으로 하는 기업 활동을 3차산업과 구별하기 위해 사용되기 시작하였다. 4차산업은 일반적으로 정보 배포 및 공유, 정보기술, 상담, 교육, 연구 및 개발, 금융 계획, 기타 지식 기반 서비스를 포함한다.

대한무역투자진흥공사(KOTRA)에서 2018년 3월에 발표한 자료에 따르면, 4차산업 관련 전 세계 대부분 지역에서 독일·미국·일본이 한국보다 높은 경쟁력을 가진 것으로 나타났다. 이 당시 조사된 12개 신산업 분야는 전기차·자율차, 스마트선박, IoT가전, 로봇, 바이오헬스, 항공·드론, 프리미엄소비재, 에너지신산업, 첨단신소재, AR·VR, 차세대디스플레이, 차세대반도체 등이다. 한국은 4차산업의 12개 신산업 분야에서 해외시장의 경쟁력을 확보하기 위해 연구개발(R&D)을 통한 기술력 확보는 물론, 약점으로 지적된 시장에 적합한 가격경쟁력과 애프터서비스 등 고객관리를 보완하기 위해 노력하고 있다.

2018년 3월 기준 분야별 5개국 간 경쟁력 비교

구분	국가 간 평가				
	한국	미국	독일	일본	중국
전기차 · 자율차	100	115	129	122	89
스마트선박	100	108	123	111	80
IoT가전	100	113	116	110	80
로봇	100	109	118	118	83
바이오헬스	100	112	118	110	72
항공 · 드론	100	124	119	113	96
프리미엄 소비재	100	108	110	109	75
에너지산업	100	112	120	109	84
첨단 신소재	100	113	122	114	84
AR · VR	100	118	113	112	88
차세대 디스플레이	100	102	99	107	80
차세대 반도체	100	115	113	113	78

https://www.kotra.or.kr/kh/about/KHKICP020M.html?&MENU_CD=F0138&TOP_MENU_CD=F0104&LEFT_MENU_CD=F0138&PARENT_MENU_CD=F0117&ARTICLE_ID=3015348

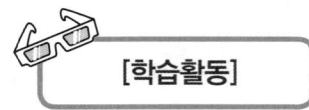 [학습활동]

1. 이번 장에서 학습한 단어의 뜻을 정리하여 문장으로 작성해보자.

1) 지역 특산물 :

2) 경제개발계획 :

3) 경제자유화 정책 :

2. 한국과 모국의 서비스 산업을 비교하여 발표해보자.

3) 시장의 유형과 종류

웹툰 원작의 <송곳>은 평범한 직장인들이 난관에 맞서 싸우는 과정을 통해 세상의 부조리를 날카롭고 적나라하게 드러낸 드라마이다. 현실에서 발생한 사건을 모티브로 창작된 <송곳>의 공간적 배경은 한국의 전통시장을 빠르게 대체한 대형마트이다. 묵묵히 자신의 일을 해나가던 대형마트의 노조 결성과 파업 과정을 사실적으로 묘사하면서 작품성을 인정받았다.

1년 365일 24시간 운영하는 편의점을 배경으로 한 드라마 <편의점 샛별이>도 웹툰이 원작이다. 어디로 튈지 알 수 없는 4차원 아르바이트생과 어수룩하지만 인간미가 넘치는 젊은 점장의 로맨스를 그리면서 인기를 끌었다. 그러나 비속어나 욕설을 지나치게 많이 사용해서 폭력적이고 선정적이라는 비판을 받기도 했다.

대형마트와 편의점은 대한민국의 대표적인 시장으로 자리 잡았다. 대형마트가 전통적인 재래시장을 대체했다면, 편의점은 이른바 '구멍가게'로 불렸던 소형 점포를 대체하면서 동네 골목길 풍경을 바꿨다. 2000년대 이후 케이블 방송의 활성화로 홈쇼핑이 대세를 이루었으나, 디지털 모바일 혁명을 계기로 인터넷과 모바일 쇼핑이 새로운 시장으로 주목받고 있다.

드라마 <송곳>

드라마 <편의점 샛별이>

(1) 전통적인 재래시장

　전통적인 재래시장은 백화점이나 대형 할인점이 생기기 이전부터 오랫동안 소매유통의 중심 역할을 담당해 온 시장이다. 재래시장은 상권별 특성에 따라 전국 대형시장, 지역중심시장, 중소도시 지역시장, 근린생활지역 골목시장, 지방5일장, 전문시장 등으로 구분된다. 전국 대형시장은 서울의 남대문시장이나 동대문시장처럼 지방 시장이나 소매상인을 대상으로 한 판매 활동이 이루어지는 시장이다. 전문시장은 서울의 경동시장처럼 한약재와 같은 특정 상품을 중심으로 형성된 전통시장이다. 재래시장은 대형 할인점, 백화점 등과 같은 현대적인 유통시설이 들어서면서 침체를 겪고 있다. 대전 지역에는 유성5일장이 유명하다.

한국의 재래시장 풍경

(2) 명품으로 무장한 백화점

백화점은 여성 및 남성용 기성복과 장신구, 옷감과 가구 등의 가정용품, 전기제품과 부속품, 식품 등을 취급하는 매장이다. 한국인이 세운 최초의 현대식 백화점은 1929년 서울 종로2가에 설립된 화신백화점이다. 1980년대 이전까지만 해도 서울 명동 지역의 신세계·미도파·롯데 백화점, 부산의 태화백화점, 대구의 대구백화점 등으로 수가 많지 않았다. 그러나 1980년대 이후 경제가 빠르게 성장하면서 백화점도 대중화되었다. 서울을 비롯한 지방의 교통 요지와 아파트 밀집 지역에 서울을 본점으로 하는 백화점들이 대거 입점하였다. 시장 범위를 전국으로 하는 백화점으로서 시장 점유율의 순위는 롯데, 현대, 신세계 순이다. 대기업 3강 체제 아래에 한화를 모기업으로 하는 갤러리아, 애경 그룹을 모기업으로 하는 AK, 이랜드를 모기업으로 하는 NC, 동아를 비롯한 다양한 유통 기업들이 있다.

한국의 백화점

(3) 지역과 상생하는 대형 마트

　대형 마트는 생산자로부터 물품을 대량으로 구매해 판매하는 방식으로 시중 가격보다 저렴한 가격으로 판매하는 유통업체인 할인점의 일반적인 명칭이다. 2000년대 이후 인터넷 기반의 온라인 쇼핑이 빠르게 성장하면서 매장을 철수하거나 폐점하는 대형 마트가 늘고 있다. 그러나 오프라인 매장을 이용해 배송 거점을 마련하고 체험 영역을 확대하는 방식으로 경영 전략에 변화가 일어나기도 했다. 한국의 대표적인 대형 마트로는 이마트, 롯데마트, 홈플러스 등이 꼽힌다.

한국의 대형마트 풍경

(4) 24시간 골목길을 지키는 편의점

　역 주변이나 동네 골목에 자리한 편의점은 다양한 상품을 판매하는 소매상점이다. 일반상품뿐만 아니라 현금지급기, 택배 신청 등의 편의시설을 갖추고 24시간 영업하는 것을 기본으로 한다. 한국에는 1989년 세븐일레븐이 처음 개설된 이후 바이더웨이, GS25,

패밀리마트, 미니스톱 등 다양한 상호의 편의점이 있었다. 2010년대 이후 세븐일레븐, GS25, CU, 미니스톱, 이마트24 등으로 재편되었다. 소비자와 근접한 입지, 24시간 영업, 다양한 상품 구비, 신속한 구매 등의 소비 편리성이 장점이다. 편의점 도시락과 같은 자체 브랜드 상품도 활발하게 개발되고 있다.

한국의 편의점 풍경

(5) 가정에서 방송으로 즐기는 홈쇼핑

홈쇼핑은 케이블 방송을 이용하여 가정 내에서 상품을 구입하는 시스템이다. 백화점이나 슈퍼마켓의 일용품 및 식료품뿐만 아니라 가전 및 자동차와 같은 내구재, 항공표·여행권 예매와 같은 서비스 물품까지 포괄적으로 판매한다. 홈&쇼핑, CJ온스타일, 롯데홈쇼핑, GS SHOP, 공영쇼핑, NS홈쇼핑, 신세계TV쇼핑, 현대홈쇼핑, KT알파쇼핑 등이 대표적이다.

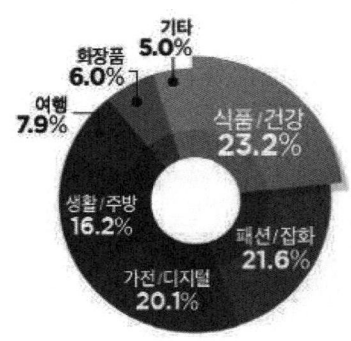
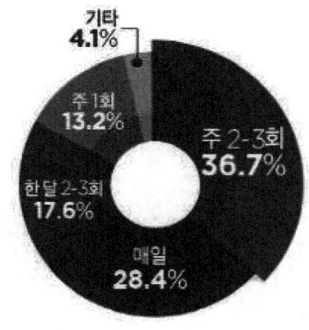

https://news.v.daum.net/v/20180531175809018

(6) 사용자 중심의 중고시장

중고시장은 2003년 포털 사이트의 '중고나라'에서 시작하여 압도적인 회원 수와 거래 덕분에 빠르게 성장한 시장이다. 애플리케이션 기반의 지역 커뮤니티에서 정보를 공유하려는 사용자가 모이면서 형성되었다. 중고시장은 플랫폼 사용자가 구매자이면서 판매자이다. 중고 물품을 거래하는 플랫폼인 '번개장터'는 취향이 같은 10대 중심으로 아이돌 굿즈나 피규어 또는 콘서트 티켓이나 문제집 등의 중고 물품을 거래하면서 주목받았고, '당근마켓'은 이웃 간의 직거래를 활성화하면서 성장하였다. 대기업이 중고시장에 합류하면서 새로운 시장으로 주목받고 있다. 다만, 개인 간의 거래 과정에서 사기당할 위험이 있으니 주의가 필요하다.

https://blog.naver.com/sjin2073/222307710795

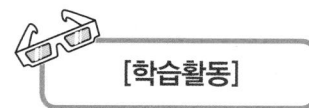 [학습활동]

1. 이번 장에서 학습한 단어의 뜻을 정리하여 문장으로 작성해보자.

1) 구멍가게 :

2) 재래시장 :

3) 화신백화점 :

2. 한국의 편의점에서 상품을 구매하면서 인상 깊었던 경험을 이야기해보자.

더 읽을거리 & 볼거리

(1) 영화 〈작전〉

　〈작전〉은 2009년에 개봉한 영화로 무엇 하나 제대로 되는 것 없이 무기력하게 살아가던 남성이 인생 역전을 노리고 주식에 도전했다가 신용 불량자로 전락했다가 전문가가 되어 주식 작전을 펼치는 내용이다. 주식을 본격적으로 다룬 최초의 한국 영화로, 코스피와 코스닥에서 흔하게 일어나지만 은폐되어 알려지지 않은 내용을 통해 한국의 자본주의 시장을 이해할 수 있다.

(2) 드라마 〈영웅시대〉

　〈영웅시대〉는 MBC에서 2004년 7월부터 2005년 3월까지 70부작으로 방송한 드라마로 시련과 영광의 대한민국 경제사를 극적으로 형상화하였다. 6·25한국전쟁 이후 선진국의 원조로 근근이 유지해야만 했던 척박한 불모지대에서 한강의 기적을 만들어낸 기업인들의 불꽃같았던 삶을 재조명하였다. 글로벌 기업으로 성장한 한국의 삼성과 현대 그리고 엘지그룹의 창업주들의 경영 철학을 통해 한국의 경제 발전을 이해할 수 있다.

(3) 드라마 〈사랑을 그대 품안에〉

　〈사랑을 그대 품안에〉는 MBC에서 1994년에 방영한 16부작 미니시리즈 드라마로 재벌 2세이자 한국 굴지의 백화점 이사와 가난하지만 씩씩한 백화점 의류 매장 말단 사원의 러브스토리이다. 캔디형 여주인공이 모든 걸 다 갖춘 남자와 사랑을 이루는 신데렐라 스토리가 진부할 수 있지만, 방영 당시 40%가 넘는 시청률을 기록하면서 화제가 되었다. 1990년대 한국 백화점의 풍경과 재벌 그룹의 경영 방식을 확인할 수 있다.

chapter 2

사회와 생활

1
가족과 혈연

한국은 사람들이 서로를 부르는 호칭이 매우 다양하다. 이는 한국인이 혼자 생활하는 것보다는 모두 함께 어울려 사는 것을 좋아하기 때문이다. 새로 태어난 아이의 이름을 지을 때도 여러 사람이 머리를 맞대고 특별한 뜻을 붙여 아이의 밝은 미래를 기원하기도 한다. 이처럼 한국의 이름이나 호칭을 통해 가족과 친인척에 대한 한국인의 생각과 함께 어울려 살아가는 생활 태도를 알 수 있다.

1) 상부상조의 공동체 의식

한국은 개인이나 혼자 생활하기보다는 여러 사람이 모여 함께 생활하는 것을 중요하게 생각한다. 여럿이 함께하는 생활을 중요하게 여기는 생각을 바로 '공동체 의식'이라고 부른다. 한국의 '공동체 의식'은 한국인의 말과 행동에서 쉽게 찾아볼 수 있다. 가족을 통해 드러나는 한국의 남다른 공동체 의식은 영화 <우리집>과 드라마 <(아는 건 별로 없지만) 가족입니다>에서 확인할 수 있다.

영화 <우리집>   드라마 《(아는 건 별로 없지만) 가족입니다》

(1) '우리'라는 공동체

'우리'는 나를 포함하여 함께 있는 사람들을 아우를 때 쓰는 말이다. 그러나 한국에서 '우리'는 때때로 '나의'라는 의미로 쓰인다. '나의 가족', '나의 부모님'을 뜻하는 표현으로 '

'우리 가족', '우리 부모님'이라는 말을 주로 사용하는 경우가 가장 대표적이다. 이는 자신을 혼자가 아닌 공동체의 구성원으로서 생각하는 데에서 비롯된다.

'우리'로 표현할 수 있는 다양한 공동체

(2) 오늘은 도움 받고 내일은 도움 주는 품앗이

품앗이는 혼자서 하기 힘든 일을 여러 사람이 나누어 함께 하는 것을 의미한다. 예를 들어 농사를 지을 때 마을 사람들이 모여서 하루는 철수의 논, 다음 날은 영희의 논, 그다음 날은 민지의 논에 모여 일한다. 혼자서 일하다가 때를 놓치면, 농사를 망칠 수도 있었기 때문이다. 품앗이는 농사일 말고도 겨울을 앞두고 하는 김장을 할 때도 했다. 날을 잡아 번갈아 가며 서로를 돕는 품앗이를 통해, 한국에서는 공동체 의식을 싹틔웠다.

모내기   김장

(3) 티끌모아 태산이 되는 계모임

　계모임은 자식의 결혼이나 부모의 장례 등을 치러야 할 때 필요한 돈을 마련하기 위해 여러 집안의 사람들이 모여서 만든 모임이다. 사람들은 돈이나 곡식을 모으고, 정해진 순서와 주기에 따라 그것을 대상자에게 주는 방식으로 운영된다. 다른 사람의 어려움을 남의 일이라고만 여기지 않고, 내 일처럼 생각했기 때문에 오랫동안 성행했다. 그러나 금융산업이 발달하면서 친구들과의 여행 경비 마련 등을 위한 방식으로 규모가 줄어들었다.

'우리'로 표현할 수 있는 다양한 공동체

(4) 모두 함께 되살아나기 위한 금 모으기 운동

　1997년 12월 한국은 소위 'IMF 외환시기'라 불리는 국가적 부도 사태에 직면하였다. 이

'우리'로 표현할 수 있는 다양한 공동체

어 한국 공영방송 KBS는 전 국민을 대상으로 '금 모으기 캠페인'을 방송했다. 이러한 '금 모으기 운동'에 각계각층의 한국인이 참여하였고 이를 원동력으로 한국은 외환위기를 극복할 수 있었다.

(5) 역경을 함께 극복하는 착한 임대인 운동

2020년 전 세계적으로 유행한 코로나19(COVID-19) 바이러스로 인해 많은 자영업자가 생계를 유지하기 어려운 처지가 되었다. 이에 전국 각지의 임대인들이 자영업자들의 고통을 덜어주고자 임대료를 낮춰 받기 시작했다. 이는 '착한 임대인 운동'이라고 불리면서 한국의 공동체 의식이 발휘된 또 하나의 사례가 되었다.

소상공인을 응원하는 카드 뉴스

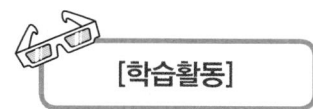

[학습활동]

1. 이번 장에서 학습한 단어의 뜻을 정리하여 문장으로 작성해보자.

1) 공동체 :

2) 모내기 :

3) 임대인 :

2. 한국의 '우리'라는 표현처럼, 내가 태어난 나라의 문화나 의식을 함축적으로 표현하는 말이 있다면 소개해보자.

2) 가족 호칭어의 종류와 용례

한국인 가족은 서로를 부를 때 이름보다는 나와 상대의 관계를 나타내는 호칭을 주로 사용한다. 이름이 아닌 다른 표현을 사용하는 것이다. 게다가 한국인들이 가족에게 사용하는 가족 호칭은 가족이 아닌 이웃이나 낯선 사람들에게 쓰이기도 한다. 영화 <언니>와 <이웃사촌>은 가족이나 이웃에게 사용하는 호칭을 제목으로 삼은 작품이다.

영화 <언니>

영화 <이웃사촌>

(1) 한국의 가족 호칭어

한국에서는 가족을 부를 때마다 다양한 호칭을 사용한다. 나와의 관계에 따라, 그 사람의 호칭은 결정된다. 부모님을 부르는 '엄마', '아빠'라는 표현 외에, 형제를 부를 때에도 나와의 나이 차이에 따라 호칭은 달라진다.

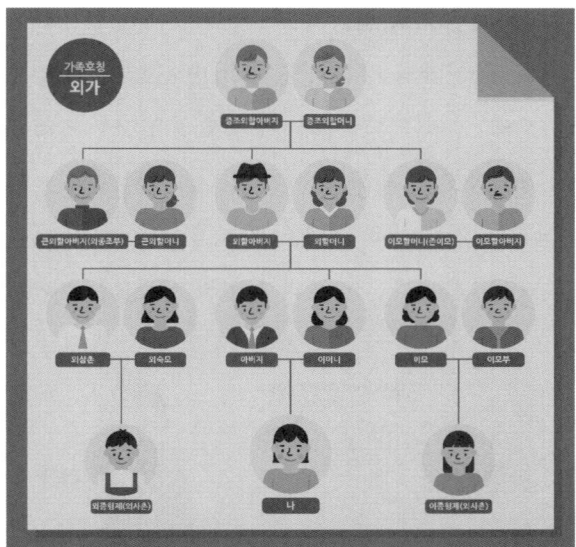

가족 호칭어 1

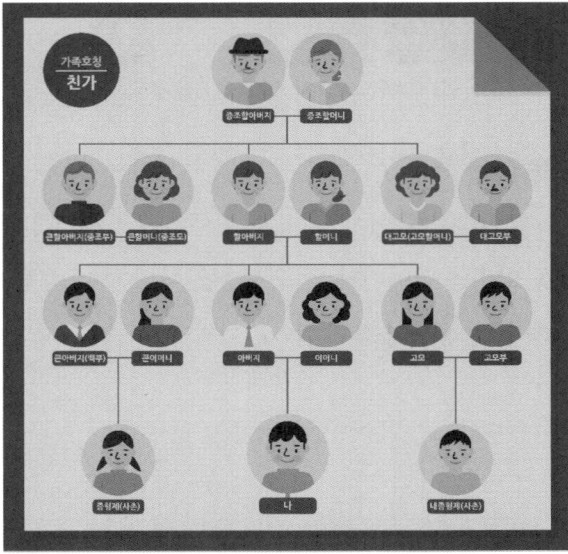

가족 호칭어 2

(2) 낯선 사람에게 사용하는 가족 호칭어

한국에서 식당이나 옷 가게와 같은 상점에 가면 손님이 점원에게, 혹은 점원이 손님에게 '이모', '언니', '오빠', '누나' 등과 같은 가족 호칭을 쓰는 경우를 볼 수 있다. 이때 그 사람들이 전부 가족이라고 오해해서는 안 된다. 한국에서는 처음 보는 사람들에게도 '이모', '언니', '삼촌'과 같은 가족 호칭어를 사용할 수 있기 때문이다. 이러한 호칭어의 사용은 'ㅇㅇ씨', 'ㅇㅇ님'과 같은 말보다 친밀한 인상을 주어서 대화 분위기를 편하게 만들어 준다.

모르는 사람에게 가족 호칭어를 들을 수 있는 상황들

(3) 가족만큼 가까운 이웃

한국에는 '이웃사촌'이라는 표현이 있다. 이웃사촌은 피가 섞인 친척 사이인 사촌만큼이나 가까운 이웃을 일컫는 단어이다. 이웃사촌은 마치 한 가족처럼, 기쁜 일과 슬픈 일, 화나는 일과 행복한 일을 나누며 함께 살아간다.

이웃 간의 친목을 독려하는 포스터

이사 떡으로 주로 쓰이는 시루떡

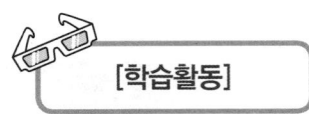
[학습활동]

1. 이번 장에서 학습한 단어의 뜻을 정리하여 문장으로 작성해보자.

1) 호칭어 :

2) 친가와 외가 :

3) 이웃사촌 :

2. 한국에서는 가족을 부를 때 이름이 아닌, '언니·오빠·삼촌·이모' 등의 다양한 호칭을 사용한다. 자신의 모국에서 가족을 부르는 독특한 표현이 있다면 어떤 경우에 사용하는지 이야기해보자.

3) 이름 짓는 방법과 특징

한국에서 이름은 그 사람을 부를 때 쓰는 말 이상의 의미를 지닌다. 아기가 태어난 시기와 성별 등을 고려하여 가장 건강하고 행복할 수 있는 이름을 찾아 지어주는 것은 과거부터 매우 중요하게 여겨졌기 때문이다. 그렇다면 이름과 관련된 한국의 문화에는 무엇이 있을까? 한번 알아보도록 하자. 드라마 〈조강지처클럽〉은 '한복수·나화신·한원수·안양순'처럼 등장인물의 성격과 역할을 상징하는 이름으로 주목받은 작품이다. 영화 〈광식이 동생 광태〉는 돌림자로 형제자매의 이름을 짓는 것을 보여준 작품이다.

드라마 〈조강지처 클럽〉

영화 〈광식이 동생 광태〉

(1) 재미로 지어보는 한국식 이름

전 세계적으로 한류 열풍이 불면서 온라인 웹사이트에서는 한국 문화를 좋아하는 일부 외국인들로부터 '나의 한국식 이름 짓기'라는 놀이가 일시적으로 유행하기도 했다. 내가 태어난 달과 날, 그리고 태어난 해의 끝 숫자에 해당하는 글자들을 조합해 재미 삼아 나의 한국 이름을 지어보는 것이다.

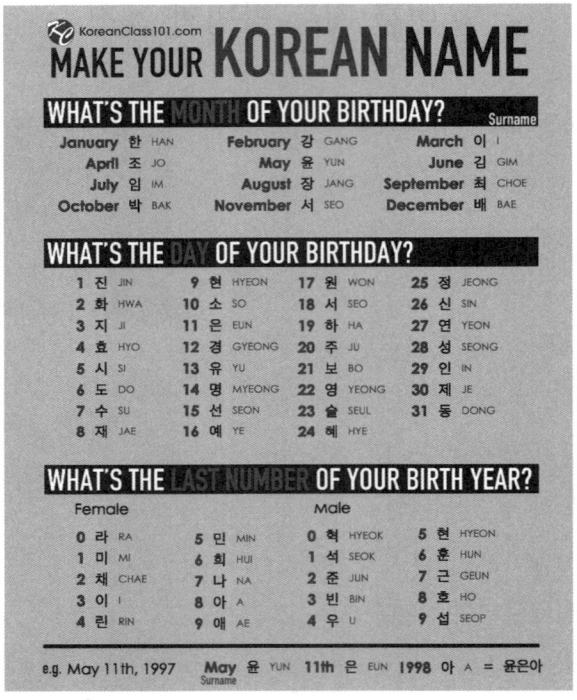

한국식 이름짓기 놀이
https://www.koreanclass101.com/korean-name/

(2) 뱃속에서 불리는 이름, 태명

　태명은 아이를 가졌다는 것을 알게 된 부모가 보통 태어나기 전의 아이를 부르는 이름을 가리킨다. 태명은 2000년대 초반 유행으로 시작되어 한국의 새로운 문화로 정착했다. 태명은 아이에게 바라는 점이나, 태몽, 특징 등을 고려하여 정하는 것이 일반적이다.

유한킴벌리 자사몰 '맘큐'에서 조사한 태명 트렌드
http://www.news2day.co.kr/97288
https://www.thefirstmedia.net/news/articleView.html?idxno=70278

(3) 질병과 귀신을 피해 부른 아명

한국에서 아명은 어린아이를 부를 때 실제 이름 대신 쓰는 이름이다. 아명을 지을 때는 한자어보다는 고유어를 주로 이용했다. 아이에게 좋은 이름을 붙이면 질병이나 귀신이 소중한 아이라는 것을 알아내고 찾아올까 봐 일부러 흔하거나 하찮은 이름을 많이 붙였다. 대표적으로 '개똥이' 등이 있다. .

아이가 건강히 자라길 바라는 마음에 붙이는 아명

(4) 가족 관계를 알려주는 돌림자

　돌림자는 한 가문에서 이름을 지을 때 세대별로 공유하는 특정한 이름자를 가리킨다. 돌림자는 이름의 가운데 글자나 끝 글자에 번갈아 넣는 것이 일반적이며, 돌림자를 통해 집안의 윗사람과 아랫사람을 구분할 수 있어 항렬자라고도 불린다. 드라마 <소문난 칠공주>에서 '나덕칠·나설칠·나치미칠·나종칠' 자매들의 이름은 '칠'이다.

드라마 <소문난 칠공주>

전주이씨대동종약원에서 제공하는 항렬자 검색 기능
http://rfo.co.kr/levelletter.htm?menu=2-3-4

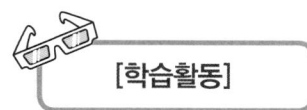 [학습활동]

1. 이번 장에서 학습한 단어의 뜻을 정리하여 문장으로 작성해보자.

1) 태명 :

2) 아명 :

3) 돌림자 :

2. 자신의 이름을 한국식으로 지어서 발표해보자.

2 경제 활동

    한국의 경제 활동은 다양한 방식으로 이루어진다. 일상생활에 필요한 돈을 벌기 위해 취직하고, 노동해서 임금을 받는다. 고령화 사회에 접어든 한국에서 대기업이나 공기업 등의 좋은 일자리를 구하기는 쉽지 않다. 그래서 청년들은 안정적인 일자리를 갖기 위해 다양한 경력을 쌓으면서 구직 활동을 한다. 경제 활동 과정에서 소득에 비례해 지출 계획을 잘 세워야 한다. 그러지 않으면 경제적 신용도에 문제가 생길 수 있기 때문이다. 한국은 또한 소비자의 주권을 보호하기 위해 다양한 정책을 시행한다. 소비자 물가지수를 조사하고, 다양한 방식으로 식품위생을 관리한다. 2010년을 전후하여 디지털 기술의 발전에 따라 금융 생활과 소비 생활 방식이 빠르게 변화하고 있다.

1) 직업의 종류와 역할

'꼰대'는 한국의 10대 청소년들이 아버지나 교사와 같은 나이 많은 남자를 속되게 부르던 은어였다. 일종의 비속어인 셈인데, 사회적으로 세대 갈등 문제가 불거지면서 구태의연한 사고방식과 행동을 강요하는 직장 상사나 나이 많은 어른을 가리키는 용어로 고착되었다.

2020년 MBC에서 방영된 〈꼰대인턴〉은 이러한 세태를 풍자한 드라마로 주목받았다. 어렵게 인턴 생활을 시작한 청년은 이유 없이 모욕감을 주는 것은 물론 아이디어까지 뺏어가는 부장의 '꼰대질'을 견디지 못하고 퇴사한다. 그리고 경쟁 회사에 취직해 능력을 인정받고 5년 만에 초고속 승진하여 부장이 된다. 그 사이 '꼰대질'을 하던 부장은 청춘을 바친 회사에서 쫓겨나 구직 활동을 하다가 시니어 인턴으로 채용된다.

5년 만에 상하 관계가 역전되어 다시 만난 두 사람이 티격태격하는 상황이 재미있게 연출된다. 위계가 명확한 직장 조직의 분위기는 물론, 취업의 어려움과 비정규 계약직의 애환을 풍자한 〈꼰대인턴〉을 통해 한국의 직장 생활을 이해할 수 있다.

드라마 〈꼰대인턴〉

(1) 관리자와 전문가 그리고 사무종사자

관리자는 공동체를 대리하여 법률이나 규칙을 제정하고, 정부를 대표하거나 대리하며 정부 및 공공이나 이익단체의 정책을 결정하고 이를 지휘하고 조정한다.

전문가 및 관련 종사자는 특정 분야의 전문지식과 경험을 바탕으로 개념과 이론을 이용하여 해당 분야에 대한 연구·개발, 자문, 지도(교수) 등 전문 서비스를 제공한다.

사무종사자는 관리자와 전문가 및 관련 종사자를 보조하여 경영 방침에 의해 사업계획을 입안하고 계획에 따라 업무를 추진하며, 관련 정보의 기록·보관·계산·검색 등의 업무를 수행한다.

서비스 종사자는 공공안전이나 신변보호, 돌봄, 보건·의료분야 보조 서비스와 미용, 혼례 및 장례, 운송, 여가, 조리와 관련된 공공 사회서비스 및 개인 생활 서비스 등 대인 서비스를 제공하는 업무를 주로 수행한다.

(2) 판매와 농림 · 어업 숙련 종사자

판매 종사자는 영업 활동을 통해 상품이나 서비스를 판매하거나 인터넷 등 통신을 이용하거나, 상점이나 거리 및 공공장소에서 상품을 판매하거나 임대하는 업무를 수행한다.

농림·어업 숙련 종사자는 농산물과 임산물 및 수산물의 생산에 필요한 지식과 경험을 기초로 작품을 재배·수확하고 동물을 번식·사육하며, 산림을 경작·보존 및 개발하고, 물고기 및 기타 수생 동·식물을 번식 및 양식하는 직무를 수행한다.

(3) 기능원과 단순 노무 종사자

기능원 및 기능 종사자는 광업·제조업·건설업 분야에서 관련된 지식과 기술을 응용하여 금속을 성형하고 각종 기계를 설치 및 정비한다. 또한 섬유·수공예 제품과 목재·금속 및 기타 제품을 가공한다. 작업은 손과 수공구를 주로 사용한다. 기계를 사용하더라도 기계의 성능보다 사람의 기능이 더 중요하다.

장치·기계 조작 및 조립 종사자는 기계를 조작하여 제품을 생산하거나 대규모적이고 때로는 고도의 자동화된 산업용 기계 및 장비를 조작하고 부분품을 가지고 제품을 조립하는 업무를 수행한다.

단순 노무 종사자는 주로 간단한 수공구의 사용과 단순하고 일상적이며, 어떤 경우에는 상당한 육체적 노력이 요구되고, 거의 제한된 창의와 판단만을 필요로 하는 업무를 수행한다.

(4) 직위와 직업군의 문화 차이

기업 조직은 '사주 → 임원 → 중간관리직 → 실무자'라는 수직 구조로 이루어진다. 사주는 기업의 소유자이고, 임원은 이사로 중간관리직을 관리 감독한다. 중간관리직은 이사나 부장 등의 지시를 받아 현장을 직접 감독한다. 그리고 실무자는 신입사원 등의 일반 정규직과 인턴, 그리고 비정규직 및 파견직과 전문가로 구분된다.

실무자의 경우 신입사원 시절에 직장 조직 특유의 상명하복 때문에 어려움을 겪을 수 있다. 그러나 중간관리직이 되면 성과 도출을 목표로 부처 이기주의에 빠지기도 한다. 실무자 가운데 비정규직이나 파견직 그리고 인턴직 등은 직장 내의 부서 이기주의에서 비롯한 파벌의 희생양이 되기도 하고, 정규직 전환과 이직 등의 문제로 갈등을 겪기도 한다.

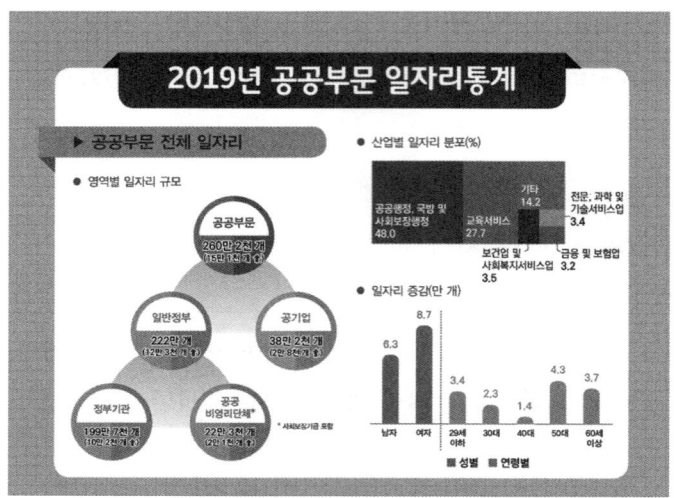

2019년 공공부문 일자리통계(통계청)

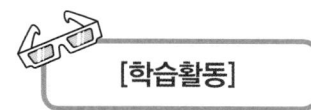

[학습활동]

1. 이번 장에서 학습한 단어의 뜻을 정리하여 문장으로 작성해보자.

1) 꼰대 :

2) 기업문화 :

3) 상명하복 :

2. 한국에서 생활하며 겪었던 '꼰대질'에 대해 이야기해보자.

2) 생활 경제와 쓰레기 수수료 종량제

드라마 <쇼핑왕 루이>는 재벌그룹의 유일한 상속자가 의문의 교통사고 때문에 기억상실증에 걸려 노숙자가 되면서 발생하는 이야기를 다룬 로맨틱코미디 드라마이다. 돈은 벌지도 못하면서 습관처럼 쇼핑을 하는 재벌그룹 상속자와 가출한 남동생을 찾아 상경한 산골처녀가 억척스럽게 돈을 버는 모습이 대비되면서 웃음을 선사한다. 특히 신상 명품 쇼핑을 즐기다가 끼니를 걱정하는 신세로 전락해서도 세상물정 모르고 천진난만한 재벌그룹 상속자의 모습이 매력적이다.

드라마 <쇼핑왕 루이>

<쇼핑왕 루이>는 돈만 있으면 무엇이든 살 수 있는 세상을 배경으로 돈으로 살 수 없는 사랑과 인간관계의 중요성을 역설한다. 소비가 미덕인 시대라고는 하지만, 정작 현실에서는 경제 위기 때문에 소비 절벽 현상이 나타난다. 최고급 요리에 길들여진 루이가 컵라면과 같은 서민 음식에 감탄하는 아이러니처럼, <쇼핑왕 루이>는 한국 사회의 소비와 관련한 생활 경제 상황을 재미있게 풍자한다.

(1) 일상생활의 소비자 물가지수

'물가지수'는 소비자가 구매하는 재화와 서비스의 가격변동을 나타낸다. 일상생활에 직접 영향을 주는 물가의 변동을 추적하는 경제지표의 하나이다. 소비자의 구매력 측정에 사용되며 경제 동향 분석이나 경제정책 수립 등에 광범위하게 이용된다. 한국에서는 통계청에서 전 도시, 서울 및 주요 도시의 '소비자 물가지수'를 매월 조사해 발표한다. 기준연도와 품목 및 가중치는 5년마다 변경한다.

(2) 소비자의 체감물가와 생활물가지수

'생활물가지수'란 '소비자 물가지수'의 보조지표로서, 소비자의 체감물가를 파악하기 위해 1998년 4월 도입되었다. 일반 소비자들이 일상생활에서 자주 구매하여 가계소비지출 비중이 높은 기본적인 생활필수품 142개 품목을 대상으로 한다. 이른바 '장바구니 물가'를 파악하는 지수로, 서민 생활과 밀접한 지표라고 할 수 있다. 조사 대상 품목은 쌀·달걀·배추·두부·쇠고기·소주 등 소득 수준과 상관없이 구매하는 기본생필품, 과일류·세탁비 등 분기별 1회 이상 구매하는 생필품, 남녀기성복·운동화·중고교 등록금 등 가격변동에 민감한 품목 등이다. 냉장고처럼 구매 빈도가 1년~수년에 걸쳐 소비되는 내구소비재는 생활물가지수에서 제외된다.

(3) 로컬푸드와 밥상 안전

'로컬푸드'는 소비되는 곳과 가까운 거리에서 생산되는 식자재, 혹은 그 식자재로 만든 음식을 말한다. '로컬푸드운동'은 특정 지역에서 재배되고 가공된 농산물. 먹을거리가 생산지로부터 밥상까지 이동하는 물리적 거리를 줄이고, 생산자와 소비자의 관계도 익명성에서 벗어나 서로 관계 맺기를 통해 밥상 안전을 지키고자 하는 활동이다. 한국에서는 생활협동조합, 농산물 직거래, 농민 장터 등 로컬푸드 운동을 표방한 여러 제도를 통해 지역 농산물이 유통되고 있다.

(4) 쓰레기 수수료 종량제와 재활용품 분리수거

'쓰레기 수수료 종량제'는 쓰레기 발생량에 대해 배출자 부담 원칙을 적용해 국민 전체를 대상으로 쓰레기에 대한 가격 개념을 도입하여 1995년 1월부터 시행한 제도이다. 종량제 적용 대상 폐기물은 일반 가정과 소규모 사업장에서 발생한 생활폐기물이다. 동네 마트 등에서 지자체에서 지정한 봉투를 구매할 수 있다. 규격봉투의 값은 지역별로 다르다. 규격봉투에 넣지 않고 버리는 쓰레기나 다른 지역 봉투에 담아 버린 쓰레기는 수거하지 않는다. 만약 무단으로 버리다 적발되면 과태료를 물어야 한다. 이사, 공사, 수리 등으로 발생한 건축쓰레기, 냉장고, 가구 등 대형 쓰레기는 주민센터에 가서 정해진 비용을 지불하고 받은 납부필증을 부착하여 배출하면 된다. 재활용품은 별도의 수수료 없이 지정된 일시와 장소에 배출하면 수거해간다. 재활용품의 수집 방법과 시기도 지역별로 다르다.

https://kostat.go.kr/portal/korea/kor_nw/1/1/index.board?bmode=read&aSeq=415371

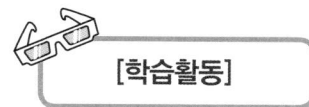

[학습활동]

1. 이번 장에서 학습한 단어의 뜻을 정리하여 문장으로 작성해보자.

1) 소비 절벽 현상 :

2) 소비자 물가지수 :

3) 쓰레기 수수료 종량제 :

2. 한국과 모국의 생활필수품 물가를 비교하여 조사해서 이야기해보자.

3) 금융 생활과 식품관리인증 제도

2021년 전 세계 시청자들의 이목을 사로잡은 드라마 <오징어 게임>은 무한 생존 경쟁에서 탈락한 사람들의 참혹한 현실을 우화적으로 풍자한다. '오징어 게임'의 456번 참가자는 경제적 약자이다. 구조조정 여파로 희망퇴직을 당하고, 치킨가게에 이어 분식집을 열었지만 모두 실패했다. 늙은 어머니가 어렵게 벌어서 저금한 돈을 몰래 빼내기 위해 은행의 현금자동인출기(ATM) 앞에서 변경된 비밀번호를 찾는 모습은 불효자를 넘어 신용 불량자의 말로를 보여준다. 정상적인 금융 생활을 하지 못한 채 도박에 빠져 인생을 낭비한 경우라 할 수 있다.

<미녀 공심이>는 하루하루 열심히 살아가는 취업준비생의 이야기를 다룬 드라마이다. 우스꽝스러운 단발머리 가발을 쓴 공심이의 상대역으로 등장하는 인권 변호사는 사

드라마 <오징어 게임>

드라마 <미녀 공심이>

회적 약자를 위해 무료 법률 자문을 하면서 생계유지를 위해 대리운전을 한다. 특이한 것은 모든 생필품 구입과 식생활을 편의점에서 해결한다. 편의점에서 판매하는 상품을 조합하여 새로운 요리를 개발하기도 한다. 편의점에서 판매하는 음식과 요리 재료들은 모두 식품의약품안전처의 승인을 받는다. 그래서 그는 편의점 제품들을 안심하고 애용한다.

(1) 은행 계좌 개설과 인터넷뱅킹

한국에서 외국인이 은행 계좌를 개설하기 위해서는 외국인 등록증과 여권 그리고 약간의 현금이 필요하다. 무엇보다 계좌 개설 용도가 분명해야 한다. 또한 한국 통신사의 휴대폰으로 본인 인증을 해야 한다. 휴대폰 개통에 필요한 본인 인증을 하기 위해서는 공용인증서가 필요하다. 은행 계좌를 개설하면, 하루 30만 원까지 이체와 출금을 할 수 있다. 한국의 은행은 주말에 영업을 하지 않는데, 이럴 때는 인터넷뱅킹을 이용하는 것이 편리하다.

인터넷뱅킹은 자금이체, 계좌조회 등 은행 업무를 인터넷을 통해 원격지에서 처리할

한국의 인터넷뱅킹

수 있는 금융서비스이다. 휴대전화 등 모바일기기를 이용하는 모바일뱅킹의 경우도 넓은 의미에서 인터넷뱅킹에 포함된다. 인터넷뱅킹 서비스는 은행마다 조금씩 다르지만 대부분 예금조회, 자금 이체, 대출 등의 기본적인 금융서비스 외에도 계좌통합서비스 등을 제공한다.

(2) 한국의 지역화폐

지역화폐는 법정화폐와 달리 지방자치단체나 지역공동체가 해당 지역에서만 유통할 수 있도록 발행한 화폐의 일종이다. 목적과 형태에 따라 다양한 방식과 유형으로 만들어진다. 한국에서는 2000년대 중반부터 지역상품의 한 유형이라고 볼 수 있는 지역 상품권 도입이 활발하게 추진되었다. 경기도 성남시에서 2006년부터 '성남사랑상품권'이라는 지역 상품권을 도입한 이래, 아동수당, 청년 배당 등을 지원하는 정책 수단으로 활용했다. 이 지역 상품권 제도는 2018년까지 전국 시도에 활발하게 전파되어 60여 지방자치단체에서 도입했으며, 2020년에는 177개 지방자치단체에서 약 3조원 규모로 시행되었다. 대전광역시의 '온통대전'처럼 지역에 따라 화폐의 명칭이 다양하고, 종이·카드·모바일 등의 형태로 발행된다.

한국의 지역화폐

(3) 온누리상품권과 모바일상품권

　온누리상품권은 전통시장의 수요 진작을 위한 목적으로 발행한 상품권으로 2009년 7월 처음 발행되었다. 전국의 재래시장과 동네 시장 등에서 사용할 수 있다. 액면가 5천 원과 1만원의 지류상품권, 5만원과 10만원의 전자상품권이 있다. 소상공인시장진흥공단 기금에서 비용을 부담해 액면가보다 5~10% 할인된 금액에 판매된다. 1인당 한 달에 50만 원까지 구매할 수 있다. 모바일 상품권은 바코드 형태로 발행된다. 모바일 상품권을 이용하여 선물을 구입한 사람이 온라인이나 모바일 기기를 통해 기프티콘을 보내주면 받은 사람은 매장에서 실제 상품으로 바꿀 수 있다.

지류상품권

전자상품권

(4) 한국의 식품안전관리인증 제도

　식품안전관리인증기준은 위해 요소 분석과 중요 관리 지점이란 뜻의 '해썹(HACCP, Hazard Analysis, Critical Control Point)'이라 부르기도 한다. 원재료와 제조, 가공, 보존, 유통, 조리단계, 최종소비자가 섭취하기 전까지 모든 단계를 관리한다. 2016년 설립된 한국식품안전관리인증원을 통해 일원화되었지만, 마크의 이름과 생김새는 조금씩 다르다. 도축장이나 집유장 같은 농장에서는 농림축산식품부의 소관으로 HACCP 마크와 함께 '농림축산식품부'로 표기되어 있다. 집단급식소와 기타식품판매업, 식품접객업의 업종은 제조 및 가공 유통 그리고 외식과 급식의 모든 분야에 적용되기 때문에 HACCP 인증마크와 함께 '식품의약품안전처'로 표기되어 있다. 까다로운 기준으로 심사하여 식품관리인증을 교부하기 때문에 믿고 먹을 수 있다. 어묵, 냉동식품, 비가열 음료, 레토르트 식품, 김치, 빙과류 등이 반드시 인증을 받아야 하는 제품에 해당한다.

한국의 식품안전관리인증 표시

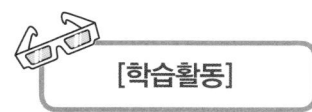 **[학습활동]**

1. 이번 장에서 학습한 단어의 뜻을 정리하여 문장으로 작성해보자.

1) 공용인증서 :

2) 지역화폐 :

3) 온누리상품권 :

2. 한국의 편의점에서 '식품안전관리인증' 마크가 있는 제품을 구매하여 먹어보고 맛을 평가해보자.

더 읽을거리 & 볼거리

(1) 드라마 〈직장의 신〉

〈직장의 신〉은 KBS에서 2013년에 방영한 16부작 코미디 드라마이다. 나이와 신원이 정확하게 알려지지 않은 마케팅 영업지원부의 '미스김'을 통해 비정규직의 애환을 풍자했다. 자발적 비정규직이지만 부장님도 쩔쩔매는 '슈퍼 갑 계약직 미스김'과 그녀를 둘러싼 직장인들의 일상을 유쾌하고 발랄하게 그려냈다. 일본 드라마 〈파견의 품격〉을 한국 사회에 맞게 각색하여 좋은 평가를 받았다.

(2) 드라마 〈미생〉

〈미생〉는 tvN에서 2014년에 방영한 20부작 드라마이다. '바둑'이 인생의 전부였으나, 프로 구단 입단 실패와 함께 맨땅에 벌거숭이로 내던져진 청년을 중심으로 전개되는 다양한 에피소드가 비슷한 처지의 직장인들의 심금을 울렸다. 자칫 진부할 수 있는 내용이지만, 과장되거나 꾸밈없이 사실적으로 연출된 화제작이다. 한국 사회의 '평범한 을'의 심정을 대변하면서 공감을 얻었기 때문이다. 묘수와 꼼수는 정수로 받고, 위기의 순간에 처했을 때는 버려야 한다는 바둑의 수를 통해 삶의 지혜를 역설하는 것도 흥미를 자아낸다. 윤태호 작가의 동명의 웹툰이 원작이다.

(3) 드라마 〈김과장〉

〈김과장〉은 KBS에서 2017년에 방영한 20부작 코미디 드라마이다. 돈에 대해서만큼은 천부적인 감각을 지닌 '삥땅 전문 경리과장'이 더 큰 한탕을 노리고 어렵게 입사한 회사에서 부정과 불합리에 맞서 싸우며 무너져가는 회사를 살리는 내용이다. 코미디 장르 특유의 과장된 웃음 속에 담긴 "남의 돈을 10원이라도 부정하게 먹으면 벌을 받아야 하고, 이것을 당연시하고 합리화하는 것도 벌을 받아야 한다."는 도덕률이 인상적이다.

3
여가와 건강

여가는 노동과 사회적 의무에서 벗어나 휴식을 취하면서 기분 전환하거나, 건강 증진과 자기 계발 등의 사회적 성취를 위한 활동을 하는 시간이다. 여가 활동을 통해 개인 건강을 증진시키고, 노동의 효율성도 높일 수 있다. 여가는 소비 활동을 촉진하여 경제 성장에 기여하기도 한다. 여가 활동을 통해 삶의 질이 향상될 수 있다. 이처럼 여가는 인간의 삶에 긍정적인 기능을 한다. 한국인은 각자의 취향에 따라 다양하게 여가 활동하고, 몸에 좋은 제철 음식을 함께 먹으면서 건강을 유지한다.

1) 열정과 신명의 여가 생활

예부터 한국인은 풍류를 좋아했으며, 흥이 많은 민족이었다고 전해진다. 한국인은 '신명'을 통해 현실의 역경들을 극복하면서 긍정적으로 살아왔다. 신명은 아주 유쾌해서 저절로 일어나는 흥과 멋을 의미하는 말이다. 마음에서부터 솟아나는 흥취를 춤이나 노래로 풀며 "신명이 난다."고 한다. 가만히 있을 수 없을 정도의 흥겨움을 열정적으로 발산하는 '신명'은 한국인의 정체성을 보여주는 요소 가운데 하나라고 할 수 있다. 신명이 나면 뜨거운 열정을 불태우는 한국인의 기질은 조선시대를 배경으로 하는 영화 <왕의 남자>의 신명 나는 남사당패 공연을 통해 확인할 수 있다.

영화 <왕의 남자>

(1) 노래하고 춤추는 '끼쟁이'

　세계에 자랑스러운 이름을 떨치고 있는 한국인들이 늘고 있다. 방탄소년단(BTS)이 대표적이다. 방탄소년단은 전 세계 젊은이들의 마음을 사로잡아 비틀스 이후 최고 평가를 받고 있다. 한국인 최초로 빌보드 싱글차트 1위에 오르기도 하고, 세계 각국의 음원 순위 1위를 석권하기도 했다. 방탄소년단이 세계인이 사랑하는 그룹으로 성장한 동력은 신명과 열정, 탄탄한 콘텐츠와 현란한 춤 솜씨, 진정성과 공감, 팬클럽 아미와의 연대감 등이다.

　한국인은 기본적으로 흥이 많고, 열정적이며, 연대감을 중시했다. 이러한 성향은 '술을 마시고 노래를 부르면서 춤을 추는 행위'를 뜻하는 단어 '음주가무'에서 확인할 수 있다. 한국인들은 술을 마시고, 신나게 노래 부르거나 춤을 추면서 흥과 신명을 풀어낸다. 가족이나 친구끼리, 연인이나 직장 동료와 함께 음주가무를 즐기면서 서로를 더욱 깊이 이해하고 친밀감을 다진다.

　그러나 음주가무를 즐기는 방식에 대해 문제를 제기하는 사람들도 많다. 음주가무를 즐김에 있어 절제와 배려가 필요하다는 사회적 인식이 확대된 까닭이다. 그래서 타인을 배려하고, 건강을 위해서도 절주와 절제를 실천하는 사람들이 늘고 있다. 한국인의 끼와 신명은 이제 음주가무가 아니라 문화와 예술을 통해 만날 수 있다.

(2) 먹방(Mukbang)과 식도락(食道樂)

　한국인들은 '밥'을 통해 관심이나 애정을 표현하는 경우가 많다. 함께 "밥 먹자."는 말로 상대에게 호감을 표현하기도 하고, "밥을 사겠다."는 말로 고마움을 표현하기도 한다. "밥은 먹고 다니니?"나 "밥을 꼭 챙겨 먹으라."는 말로 걱정하고 염려하는 마음을 대신하기도 한다. 그만큼 한국인에게 '밥'은 매우 중요하다.

한국 예능프로그램에는 유난히 음식 먹는 장면이 많이 나온다. '먹는 방송'의 줄임말인 '먹방(Mukbang)'은 인터넷 방송 플랫폼인 아프리카TV에서 음식 먹는 장면을 생중계하면서 유행하기 시작했다. 먹방 열풍이 불기 전까지 음식과 관련된 방송은 요리 정보를 알려주거나, 한국이나 세계의 다양한 음식을 소개하는 프로그램이 대부분이었다. 그런데 이제 누군가가 음식을 먹는 모습이나 소리 자체를 즐기는 시대가 된 것이다.

'먹방'은 함께 밥을 먹으며 정을 나누던 한국인이 바쁜 일상 속에서 혼자 식사하면서 느끼는 외로움을 달래주었다. 또한 건강과 다이어트에 관심이 많은 현대인에게 '먹방'은 대리만족을 주기도 한다. 이처럼 혼자 지내는 시간이 많은 1인 가구나 청년들에게 '먹방'은 즐거움과 재미를 주는 여가 문화가 되기도 한다. 혼자 사는 세 남녀의 이야기를 음식으로 풀어낸 〈식샤를 합시다〉, 마음의 병을 음식으로 치유하는 내용의 〈쌍갑포차〉, 청춘남녀의 서툰 사랑 이야기를 '먹방'으로 풀어낸 〈야식남녀〉 등은 한국의 '먹방' 문화가 모티브인 드라마들이다.

그러나 한국인들이 영상으로만 음식을 즐기는 것은 아니다. 맛있는 음식을 현지까지 찾아가서 직접 먹어보는 '맛집 탐방'을 하는 사람들도 많다. 여러 가지 음식을 두루 맛보는 것을 즐거움으로 삼는 일을 뜻하는 '식도락(食道樂)'이라는 말처럼, 맛있고 건강한 음식을 즐기려는 한국인들이 '먹방'을 즐기거나 직접 '맛집 탐방'에 나선 것이다.

(3) 여행인 듯 일상인 듯, 현지인처럼 살아보기

제주도는 한국인들이 살아보고 싶어 하는 대표적인 지역이다. 제주도에서 태어나 생활하는 사람이 아니면 쉽게 생각하기 어려웠던, '제주에서 살아보기'가 유행하고 있다. 반복되는 일상을 잠시 멈추고 정서적 휴식을 얻을 수 있는 곳에서 현지인처럼 한 달 혹은 일 년을 살아보고 싶다는 꿈을 지녔던 사람들이 제주도를 찾기 시작한 것이다. 아름답고 푸른 해안가에 조성된 제주 '올레길'은 한국인뿐만 아니라 외국인에게도 인기가 많다. 이처럼 한국인들은 제주도를 비롯해서 전 세계 각지에서 현지인처럼 일상을 즐기는 여행을 하는 것이다. 여행은 잠시 떠났다가 돌아오는 것이라는 생각도 바뀌었다. 잠시 머무는 여행지라고만 생각했던 곳에서 현지인처럼 살아보는 체험형 여행은 여행지도 자신의 일상이 될 수 있다는 생각에서 기인한 것이다. 바쁜 현실 속에서 잊고 지냈던 자아를 찾고, 휴식을 즐길 뿐만 아니라, 낯선 사람이나 문화에 동화되어 살아가는 건강한 여행자의 모습을 한국인의 얼굴에서 발견할 수 있다.

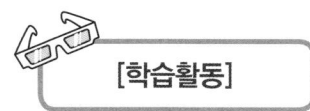

[학습활동]

1. 이번 장에서 학습한 단어의 뜻을 정리하여 문장으로 작성해보자.

1) 풍류 :

2) 신명 :

3) 식도락 :

2. 한국에는 노래방이나 찜질방 혹은 PC방이나 만화방처럼 유독 '-방'이라는 이름이 붙은 공간이 많다. 한국에서 지내며 가본 '방'이 있다면 어디이고, 어떤 느낌이었는지 이야기해보자.

2) 인간의 지혜와 자연의 섭리로 차려진 밥상

드라마 〈대장금〉에는 수라간 궁녀들이 정성을 다해 수라를 준비하는 장면이 자주 나온다. 이 과정에서 음식을 대하는 자세로 마음과 정성이 가장 중요하다는 사실이 여러 차례 강조된다. 이처럼 드라마 〈대장금〉은 밥을 포함한 음식을 보약처럼 귀하게 여기고 정성을 다해 음식을 준비한 한국인의 정서와 문화를 잘 그려낸 작품이다.

드라마 〈대장금〉의 수라상

한국 속담 중에 '금강산도 식후경'이라는 말이 있다. 이것은 아무리 재미있는 일이라도 배가 불러야 흥이 나지 배가 고파서는 아무 일도 할 수 없음을 이르는 말이다. 이런 속담이 있을 만큼 한국인들은 건강하고 맛있는 식사를 아주 중요하게 여겼다. 몸을 치료하는 약과 먹는 음식은 근원이 같은 것이라는 뜻의 '의식동원(醫食同源)'이나 '약식동원(藥食同源)'이란 표현에도 음식에 관한 한국인의 의식이 담겨 있다. 음식과 약을 같은 것으로 생각한 한국인의 정서는 "음식으로 치료를 한다."는 '식치(食治)'나 '음식으로 치료하는 의사'를 가리키는 '식의(食醫)'라는 말에도 담겨 있다. 한국인들은 이렇듯 음식을 약처럼 귀하게 여겼다. 산과 들에서 제철에 얻을 수 있는 음식 재료로 건강을 유지하고 병을 치료했다.

한국인들은 음식을 섭취하는 온도도 매우 중요시했다. "밥은 봄같이 먹고, 국은 여름같이 먹고, 장은 가을같이 먹고, 술은 겨울같이 먹어라."라는 속담에는 음식 섭취 온도를 중요하게 여긴 한국인의 의식이 담겨 있다. 밥은 따뜻하게 먹는 것이 좋으며, 국은 뜨겁게 해서 먹는 것이 좋다. 그리고 장은 끓여서 식힌 뒤 뜨겁지도 차갑지도 않게 먹는 것이 좋고, 술은 차게 마셔야 건강에 이롭다. 적정한 온도의 음식을 먹어야 건강에 좋다는 조상들의 지혜가 담긴 속담이다. 음식을 대하는 자세는 이뿐만이 아니었다. 음식이 곧 약이라는 가치관에는 음식을 정성으로 만들어야 한다는 생각도 담고 있다.

(1) 한국인의 힘, 밥심

한국에는 "밥 먹었니?"나 "식사하셨어요?", 혹은 "진지 잡수셨어요?"와 같은 인사말이 있다. 이 인사말은 실제로 밥을 먹었는지를 묻는 말이라기보다 안부를 묻는 말이다. 만약 인사를 받은 쪽에서 밥을 먹지 않았다면 인사를 건넨 사람은 상대에게 밥을 대접하기도 했다. 이런 인사말에는 상대의 안부에 관한 관심과 친근감을 드러내는 배려심이 담겨 있다. 또한 이런 인사를 건네던 풍습에서 밥을 먹는 행위를 중요시했던 한국인의 가치관을 엿볼 수 있다.

식사를 중요시하는 한국에는 '밥'과 관련된 속담이나 격언 또는 단어가 많다. 그중에 '밥심'이라는 말도 있다. '밥심'의 사전적 의미는 '밥을 먹고 나서 생긴 힘'이다. 전통적으로 한국인들은 쌀로 지은 밥을 주식으로 삼았다. 한국인들은 밥으로 든든하게 배를 채우고 하루하루를 살아왔기 때문에 밥 먹는 것을 매우 중요하게 생각했다. '밥'은 '식사'를 포함한 단어이기에 주식인 '쌀로 지은 밥'으로 한정되지 않는다.

　음식은 맛으로만 먹는 것이 아니다. 삶의 질을 높이고, 건강하게 오래 살기 위해 삶에 꼭 필요한 것이 음식이다. 그래서 한국인은 제철에 나는 좋은 음식 재료로 맛있고 건강한 음식을 만들어 먹었다. 이렇게 전해져 온 것이 '한식(韓食)'이다. 열정적이고 신명이 많은 한국인으로 살 수 있게 한 근본적인 힘이 바로 한식의 힘이자 '밥심'인 것이다.

(2) 인간과 자연의 조화, 발효 음식

　발효 음식은 장의 미생물 다양성을 높이고 면역 기능에 도움 될 뿐만 아니라, 염증 완화에도 효능이 있다고 알려진 식품이다. 그래서 발효 음식은 오랜 세월을 거쳐 세계적으로 널리 확산되었다. 일본의 나토, 중국의 두반장, 인도네시아의 템페, 프랑스의 치즈, 독일의 사우어크라우트, 터키의 케피어 등 종류와 수를 헤아리기 어려울 정도로 다양하다. 그러나 한국의 발효 음식은 인위적으로 균을 첨가하지 않고 자연 발생한 균을 이용한다는 점에서 조금 차이가 있다.

　장류, 김치류, 젓갈류, 식초류, 주류 등은 한국을 대표하는 저장 발효 식품이다. 한국인은 곡류 위주의 식생활을 했기에 이들 발효 식품들은 한국인에게 중요한 영양공급원이 되었다. 한국에서는 전통적으로 계절별 저장식품을 장만하는 일을 중요한 행사로 여겼다. 새싹이 돋는 봄에는 간장이나 고추장 같은 장류를 담갔다. 뙤약볕이 내리쬐는 여름에는 새우젓이나 조기젓 같은 젓갈을 담갔다. 선선한 가을에는 채소를 갈무리하여 겨울 동안 먹을 김장을 했다.

　한국의 발효 음식에는 다섯 가지 맛이 풍부하게 들어 있다. 이 다섯 가지 맛을 '오미(五味)'라고 하는데, 쓴맛과 단맛, 신맛과 짠맛 그리고 감칠맛이 이에 해당하는 맛이다. 오미는 조화로움을 추구한 한국인의 맛이기도 하다. 균형 잡힌 식사를 위해 한국인은 '오미(五味)와 오색(五色)'의 조화를 중시했다. 그런데 발효 식품이 이런 조화로움의 근본이 되는 오미를 내게 하기 위해서는 삶의 지혜와 자연의 도움이 필요했다. 염도를 잘 맞추는 것은 기본이며, 온도와 습도 등을 알맞게 유지해야 풍부한 맛을 내는 발효 식품으로 완성되기 때문이다. 따라서 한국의 발효 음식은 한국인의 지혜와 자연의 조화로 만들어진 건강 식품이라 할 수 있다.

(3) 언제 어디서나 즐길 수 있는 배달 음식

〈최강 배달꾼〉은 짜장면 배달부인 주인공을 중심으로 가난하고 어려운 환경에 있는 청년들의 사랑과 성공을 그린 드라마이다. 〈최강 배달꾼〉은 음식을 배달하는 상황에서 벌어지는 소소한 에피소드들을 통해 시청자들의 웃음을 자아낸다. 그런데 이 드라마는 단지 웃음만을 주는 것이 아니라 한국의 특수한 문화를 엿보게 하는 기능까지 하고 있다.

드라마 〈최강 배달꾼〉

현대의 한국인에게 배달 음식은 아주 익숙한 것이다. 그러나 예전의 한국인들에게 음식을 배달한다는 것은 자연스러운 일이 아니었다. 밥을 먹을 때조차 밥그릇을 손에 들고 먹지 않는 게 예의였던 만큼 한국인에게 음식을 배달한다는 것은 상상하기 어려운 일이었다. 한국에서 배달 문화가 자리 잡게 된 시기는 6·25한국전쟁 이후일 것으로 추정된다. 1950년대 미국이나 중국 등의 새로운 음식이 들어오고, 산업화 시대를 거치면서 배달 음식이 빠르게 자리 잡았다. 빠른 일 처리와 실용성을 추구하는 한국인에게 배달 음식은 간편하면서도 빠르게 한 끼 식사를 해결할 수 있다는 점에서 매력적인 식사 문화였다.

음식 배달 문화는 현대에 들어 급속도로 확산되었다. 가족 구조의 변화, 여성의 사회 진출, 1인 가구의 증가 등 한국 사회의 변화에 따라 음식 배달 서비스가 자연스럽게 증가한 것이다. 특히 2020년을 전후한 시기의 코로나19(COVID-19) 바이러스로 인해 비대면 배달 서비스가 확대되면서 음식 배달 서비스도 더욱 다양해졌다. 이와 발맞춰 등장한 다양한 배달 대행 서비스 애플리케이션도 등장했다. 이로 인해 한국에서는 언제 어디서나 신속하게 자신의 기호에 맞는 음식을 배달하여 먹을 수 있는 환경이 마련됐다.

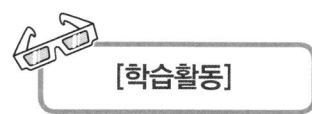 [학습활동]

1. 이번 장에서 학습한 단어의 뜻을 정리하여 문장으로 작성해보자.

1) 수라 :

2) 금강산도 식후경 :

3) 밥심 :

2. 한국 음식 중에서 가장 맛있게 먹었던 음식과 가장 먹기 어려웠던 음식을 하나씩 골라 그 맛을 소개해 보자.

3) 가족 구성원의 변화와 1인 문화

한국에서 '가족'은 함께 밥을 먹는 관계인 '식구'의 개념으로 혼용된다. 영화 <비열한 거리>의 주인공은 "식구가 뭐여, 같이 밥 먹는 입구멍이여."라는 대사로 조직폭력배의 관계를 강조한다. 밥을 함께 먹는 일을 중요하게 생각하는 한국인의 의식이 담겨 있다.

한국에서는 '가족'이라는 말이 사용되기 전까지는 '식구'라는 말을 사용했다. 그러나 현대에는 '가족'과 '식구'가 각기 다른 의미로 사용되고 있다. 사전적으로 '가족'은 부부를 중심으로 한, 친족 관계에 있는 사람들의 집단을 의미한다. 그러니까 가족은 혼인으로 맺어지거나 혈연이나 입양 등으로 이루어진 관계를 가리키는 말이다. 반면 '식구'는 함께 살면서 끼니를 같이하는 사람을 뜻한다. 다시 말해 식구는 친족 관계를 형성하지 않아도 한 집에서 더불어 밥을 먹으며 살아가는 사람을 가리키는 말이다.

영화 <비열한 거리>

'가족'과 '식구'라는 말이 자연스럽게 나누어 사용되는 현상은 한집에서 살아가는 양상이 변화하였음을 반영하는 것으로 볼 수 있다. 최근 한국인들은 가구 형태는 급속도로 다양하게 변화하고 있다. 전통적인 대가족에서부터 1인 가구, 아이를 출산하지 않고 부부 단둘이 살아가는 가구, 혹은 반려동물과 함께 살아가는 가구도 있다.

(1) 혼자 먹고 마시는 밥과 술

드라마 〈혼술남녀〉의 청춘남녀는 서로 다른 이유로 혼술을 마신다. 혼자 술을 먹는 사람들, 일명 '혼술족'이 늘고 있는 현실이 반영되어 있다. 혼술족의 등장에 앞서 혼자 밥을 먹는 사람들, 그러니까 '혼밥족'도 증가했다. 1980년도 한국의 1인 가구는 전체의 5%에 불과했으나, 2021년 9월 기준 1인 가구의 비율이 40%를 넘었다. 더욱 놀라운 현상은 2인 가구 비율도 23.8%나 된다는 것이다. 그러니까 한국의 10가구 중 6가구 정도가 1~2인 가구인 셈이다. 1인 가구가 이토록 증가했으니 혼자 밥을 먹어야 하는 사람의 수도 그만큼 많아진 것은 당연한 일이다.

혼자 밥을 먹는 사람이 증가하고 있는 현상은 비단 한국만의 일은 아니다. 그런데 함께 밥을 먹으며 '식구'로 공동체 의식을 강조한 한국에서 '혼밥'이나 '혼술'에 이어 혼자 영화를 보는 '혼영' 현상까지 나타난 것은 주목할 만한 사회문화적 변화이다. 농경문화에서 비롯한 공동체 의식과 유교문화에 뿌리를 둔 가족주의 때문에 구성원과의 화합과 조화를 중시하는 경향에 비추어보면 매우 이례적인 변화이기 때문이다. 2000년을 전후한 시기의 경제 위기가 지속되면서 개인주의 성향이 확산되었고, 이로 인해 1인 가구가 증가한 것이 '혼밥'이나 '혼술' 문화의 시작으로 보인다.

1인 가구의 개인주의 성향이 만연하면서 '혼밥'이나 '혼술' 문화에 대한 인식도 자연스럽고 긍정적으로 변화되었다. 메뉴를 고르고, 음식을 먹고 계산하기까지의 전 과정을 혼자 결정함으로써 시간을 효율적으로 쓸 수 있고, 복잡한 인간관계 속에서 피로감과 스트레스 없이 편안하고 여유 있게 식사를 즐길 수 있다는 인식이 확산된 것이다. 한국의 '혼밥' 문화를 통해 경제 구조의 변화와 가구 형태의 변화 및 가치관의 변화를 확인할 수 있다.

(2) 반려동물과 함께 하는 삶

　드라마 <도깨비>에는 반려동물을 키우는 사람들이 눈물을 흘릴 만큼 인상적인 장면이 나온다. 교통사고로 목숨을 잃은 한 시각 장애인이 저승사자 앞에 앉아 있다. 그는 담담하게 "전 이제 어디로 가나요?"라고 묻자, 저승사자는 "들어왔던 문으로 다시 나가면 됩니다."라고 답한다. 그가 담담하게 자리에서 일어나 저승으로 향하는 문을 여는 순간, "멍멍"하면서 문 앞에 앉아 있던 개 한 마리가 그를 반긴다. 시각 장애인 남성을 기다리고 있었던 것은 그의 반려견 '해피'였다. 이미 세상을 떠났던 시각 장애인 남성의 반려견이 저승문 앞에서 눈이 보이지 않는 그를 인도하려고 기다리고 있던 것이다.

　최근 한국에는 반려동물과 함께하는 가구 수가 급증했다. 반려동물이라는 말을 사용하게 된 것은 그리 오래된 일이 아니다. 다른 나라에서와 마찬가지로 예전에 한국에서는 반려동물이라는 말 대신 애완동물이라는 말을 사용했다. 애완동물은 "동물은 장난감처럼 사람에게 즐거움을 주기 위한 존재"라는 의식을 반영한 표현이다. 하지만 동물에 대한 한국인들의 생각이 바뀌었다. 동물은 사람과 함께 살아가며 심리적으로 안정감과 친밀감을 주는 친구이자 가족과 같은 존재라고 생각하게 되었다.

　1인 가구나 2인 가구의 증가가 반려동물과 함께 사는 가구 수를 증가시킨 원인 중의 하나이다. 결혼이나 출산을 기피하고, 노인 인구가 증가하면서 반려동물과 함께 하는 삶의 형태가 가속화될 것으로 예측된다. 한국의 경우 통계청 자료에 의하면, 2020년 11월을 기준으로 반려동물과 함께 하는 가구는 312만 9,000 가구였다. 그런데 KB경영연구소가 발표한 '2021 한국 반려동물 보고서'에 따르면, 2021년 반려동물 양육 가구는 604만 가구로 급증했다. 열 가구 가운데 세 가구가 반려동물과 함께 생활하는 것에서 한국인의 의식 변화를 확인할 수 있다.

(3) 새로운 유형의 가족 탄생

1980년대 드라마 <전원일기>는 유교적 가족주의에 입각하여 살아가는 대가족의 일상을 담아냈다. 1990년대 드라마 <사랑이 뭐길래>는 전통적인 가족 개념이 변화하는 과도기적인 양상을 보여주었다. 2000년대에는 청춘남녀의 동거 문화를 반영한 드라마 <옥탑방 고양이>나 <풀하우스>와 함께 <산 너머 남촌에는>이나 <황금신부>처럼 다문화가정의 문제를 다룬 드라마가 방영되기도 했다. 2010년대에는 다섯 명의 여성이 셰어하우스에 모여 살면서 가족을 형성하고 살아가는 모습을 그린 <청춘시대>, 1인 가구의 급증 현상을 반영하여 혼자 살아가는 사람의 이야기를 그린 <혼술남녀>나 <식샤를 합시다>처럼 전통적인 가족 이데올로기를 벗어나 새로운 유형의 드라마가 방영되었다. 그리고 2020년대 이후에는 엄마의 졸혼 문제를 다룬 <(아는 건 별로 없지만) 가족입니다>, 핏줄보다 이해와 공감을 중시하는 가족 문화가 반영된 <사이코지만 괜찮아>를 통해 새로운 유형의 가족에 관한 질문을 던졌다.

2000년대 이후 한국은 전통적인 '가족' 개념에서 벗어난 새로운 가족 유형이 나타나고 있다. 부모와 자녀로 이루어진 전통적인 가족의 형태에서 벗어나 기존과는 다른 형태의 가족을 이루며 살아가고 있는 것이다. 비혼(非婚)이나 딩크(DINK), 동거, 졸혼('결혼을 졸업한다'는 문장의 줄임말)과 같은 말이 자연스럽게 거론될 뿐만 아니라 실제 이러한 삶을 살아가고 있는 사람들이 증가하고 있다. 이처럼 한국의 젊은이들은 가족주의나 집단주의보다 개인의 삶과 여유에 보다 가치를 두고 있다.

그렇다고 해서 '가족'의 존재 자체를 부정하지는 않는다. 1인 가구가 급증하고 있지만 이러한 사회적 변화 속에서도 더불어 살기를 원하는 사람들도 많기 때문이다. 그들은 핏줄에서 벗어난 가족을 선택하여 가정을 이루고 있다. 기존의 결혼제도를 거부하고 어떤 이는 동성 친구와 어떤 이는 이성 친구와 어떤 이는 선배나 후배와 그리고 어떤 이는 회사 동료와 마음을 맞춰 살아가고 있는 것이다. 이들은 단지 주거 공동체 일원으로 살아가지 않는다. 기존의 '정상 가족'이라는 틀을 깨고 새로운 가족을 지향한다. 새로운 가족을 이루며 살아가는 개인의 자유로운 선택을 "틀린 것이 아니라, 다른 것"임을 인정하는 문제로 사회적 갈등을 겪고 있지만, 이 또한 슬기롭게 해결할 것이다.

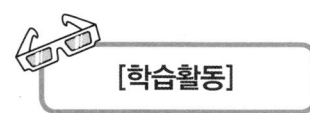 [학습활동]

1. 이번 장에서 학습한 단어의 뜻을 정리하여 문장으로 작성해보자.

1) 식구 :

2) 혼밥 :

3) 반려동물 :

2. 한국에서 '혼자'라서 편안하고 즐거웠던 일은 무엇이고, '혼자'라서 어렵고 힘들었던 일은 무엇인지 생각해서 이야기해보자.

더 읽을거리 & 볼거리

(1) 영화 〈혼자 사는 사람들〉

〈혼자 사는 사람들〉은 관계 맺기를 거부하고 TV와 스마트폰 수신만으로 일상을 채우는 진아의 일상을 다룬 작품이다. 오래전 아버지로부터 버림받고 가족으로부터 상처를 입은 콜센터 상담사인 진아는 인간관계를 단절한 채 살아간다. 그런 진아를 통해 '혼자 사는 사람들'이 각자 외로움을 견디며 살아가는 방식을 보여준다. 혼자 밥을 먹거나 혼자 술을 먹는 등 나 홀로 살아가는 사람들이 많아지고 있는 현실에서 이 영화를 보며 '혼자 살기'와 '관계 맺기'의 의미를 생각해 보는 것도 좋을 것이다.

(2) 영화 〈가족의 탄생〉

〈가족의 탄생〉은 지금까지 한국 영화에 없었던 가족에 대한 상상력으로 평단의 시선을 사로잡은 작품이다. 영화는 세 개의 에피소드로 구성되어 있다. 각각의 에피소드는 모두 '누가 가족인가'를 이야기하는데, 이 과정에서 혈연으로 구성된 기존의 가족 개념은 파괴된다. 이 영화는 제목 그대로 '새로운 가족의 탄생'을 보여주는 것이다. 따라서 〈가족의 탄생〉은 개봉 당시로서는 매우 의도적이면서도 급진적으로 '정상 가족' 이데올로기에 도전한 영화라고 할 수 있다. 이 영화를 보면서 '진정한 가족'의 의미를 생각해 보는 것도 의미 있는 일이 될 것이다.

(3) 영화 〈마음이〉

〈마음이〉는 11살 소년 찬이와 찬이 동생 6살 소녀 소이 그리고 소이를 위해 훔쳐 온 강아지 마음이의 이야기를 다룬 작품이다. 찬이와 소이는 집을 나간 엄마를 기다리며 둘이 살아가고 있다. 어느 날 소이는 강아지가 갖고 싶다며 찬이에게 떼를 부린다. 결국 찬이는 소이를 위해 강아지를 훔쳐다가 생일 선물로 준다. 이렇게 해서 찬이와 소이 그리고 마음이는 식구가 되어 함께 살아간다. 서로를 의지하며 사랑하며 살아가는 이들 세 식구에게 불행이 닥쳐오고, 그 속에서 찬이는 마음이에게 애증의 감정을 갖게 된다. <마음이>는 반려동물과 함께하는 순수한 동심과 더불어 동물의 마음도 느껴볼 수 있다는 점에서 의미 있는 영화이다.

(4) 드라마 <맨도롱 또똣>

<맨도롱 또똣>은 아름다운 섬 제주도에서 레스토랑을 꾸려나가는 청춘 남녀의 이야기를 다룬 작품이다. '맨도롱 또똣'은 제주 방언으로 '미지근 따뜻'이라는 뜻을 지닌 말이다. 이 말은 음식을 먹기에 기분 좋게 따뜻하다는 의미로 사용된다. 이런 의미를 지닌 레스토랑 맨도롱 또똣에서 정주와 건우가 티격태격하며 사랑을 키워간다. <맨도롱 또똣>을 감상하며 열심히 살아도 뜻대로 되는 일이 하나도 없고, 결국 회사에서 해고되어 제주로 오게 된 정주를 응원하게 될 것이다.

(5) 영화 <올레>

<올레>는 갑갑한 현실 속에서 모든 일에서 벗어나고 싶은 순간에 대학 선배 부친의 부고 소식을 듣고 제주도로 모인 세 남자가 4박 5일간 벌이는 해프닝을 그린 작품이다. 그들은 제주에서의 완벽한 여행을 꿈꿨다. 하지만 예상과는 다른 제주에서 그들은 그동안 잊고 지냈던 설렘과 대학 시절을 추억하며 인생을 돌아보는 시간을 갖게 된다. 영화 속 세 남자의 4박 5일을 따라가면서 아름다운 제주를 만나고, 삶의 휴식을 누려보는 것도 즐거운 일이 될 것이다.

chapter 3

문화와 예술

1 전통 예술

전통 예술은 과거부터 내려오는, 아름다움을 표현하거나 창조하는 각종 활동의 결과 둘이다. 예술이라 하면 주로 창작의 결과물로서 '작품'을 의미한다. 하지만 일상을 활기차게 보낼 수 있도록, 누구나 쉽게 할 수 있는 간편한 놀이도 전통 예술에 포함된다. 언제 어디서나 쉽고 재미있게 흥을 돋우는 일상의 다양한 놀이는 물론, 볼거리와 들을 거리가 풍부한 노래·무용·묘기 등의 공연, 한국의 아름다운 선과 원을 상징하는 도자기·탈·나전 칠기 등의 공예품이 대표적이다.

1) 일상에 활력을 불어넣는 전통 놀이

놀이는 일상의 무료함을 달래준다. 놀이는 잘 모르던 사람과 친해질 기회를 제공해주기도 한다. 한국에는 옛날부터 전승된 전통 놀이와 비교적 최근에 만들어진 놀이가 있다. 나이를 불문하고 참여하거나, 구경할 수 있는 놀이는 매우 다양하다. 영화 <천하장사 마돈나>에는 전통 놀이의 하나인 씨름이 등장하고, 드라마 <오징어 게임>에는 한국의 어린이들이 오랫동안 즐겼던 놀이가 다양하게 소개된다.

영화 <천하장사 마돈나>   드라마 <오징어 게임>

(1) 쫓고 쫓기는 한국식 보드게임, 윷놀이

윷놀이는 '윷'이라고 부르는 4개의 나무 막대와 '말'이라고 부르는 여러 개의 패, 그리고 '윷판'이라고 부르는 네모난 말판으로 구성된 놀이이다. 여러 사람이 편을 나누어 순서에 따라 윷을 던지고 패를 옮기는 방식으로 진행된다. 윷놀이는 어느 한 편의 마지막 말이 최종점을 통과하면 그 편의 승리로 끝난다.

윷

세대를 막론하고 즐기는 윷놀이

(2) 엎치락뒤치락 한국의 레슬링, 씨름

씨름은 두 사람이 모래판 위에서 서로의 샅바를 잡고 상대를 넘어뜨리는 운동이자 놀이이다. 승리를 위해 손기술과 발기술을 총동원하여 상대를 넘어뜨리는 씨름은 보는 이들이 손에 땀을 쥐게하는 흥미로운 볼거리이다.

대한씨름협회 로고
http://ssireum.sports.or.kr/

씨름

(3) 섬세한 손놀림을 뽐내는 공기놀이

공기놀이는 공깃돌이라 부르는 다섯 개의 돌을 바닥에 놓고 하나의 돌을 먼저 쥐고 높이 던져 그사이 다른 돌들을 줍는 놀이이다. 이때 던진 돌을 떨어뜨리거나, 정해진 개수 외의 다른 돌을 건드려서는 안 된다. 단계를 거듭할수록 주워야 할 돌의 개수는 늘어난다. 마지막 단계에서 손등에 공깃돌을 던져 올리고, 그것을 다시 띄워 한 손으로 잡으면 점수를 획득한다.

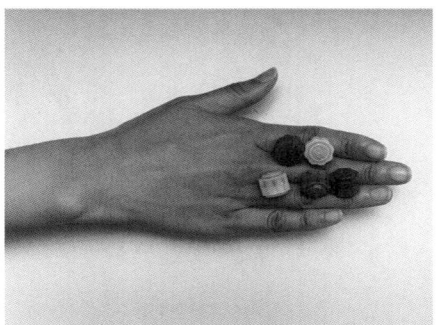

공기놀이

(4) 움직이면 죽는다, '무궁화꽃이 피었습니다'

"무궁화꽃이 피었습니다"는 먼저 한 명의 술래를 정해 벽이나 나무, 기둥 따위를 보게 한다. 술래는 벽을 보고 "무궁화꽃이 피었습니다"라고 큰 소리로 외친다. 나머지 사람은 술래가 등진 방향에서 일정 거리 떨어져 외침이 이어지는 동안에 술래에게 가까이 다가가야 한다. 외침을 끝낸 술래가 뒤돌아볼 때 움직인 사람은 놀이에서 빠지

는 방식으로 벌칙을 받는다.

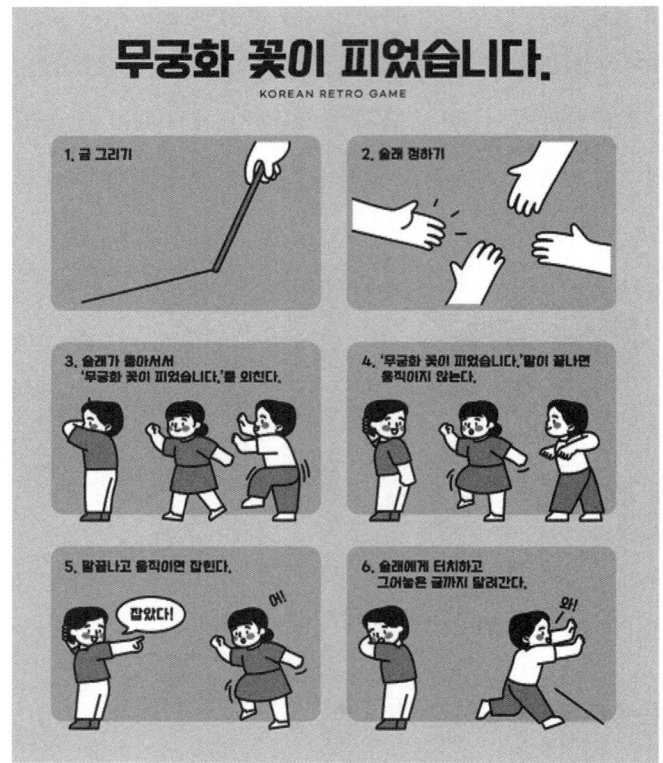

무궁화꽃이 피었습니다 놀이

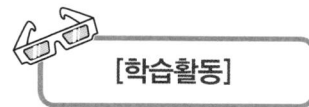

[학습활동]

1. 이번 장에서 학습한 단어의 뜻을 정리하여 문장으로 작성해보자.

1) 윷놀이 :

2) 샅바 :

3) 술래 :

2. 한국의 놀이를 따라 해보고, 모국의 고유한 놀이를 소개해보자.

2) 눈과 귀가 즐거운 전통 공연

한국의 공연은 대체로 공연자와 관객의 거리가 아주 가깝다. 그렇기에 관객은 더 생동감 넘치는 공연을 볼 수 있다. 관객은 공연을 관람하면서 연희자에게 말을 걸거나 훈수를 두기도 하고, 연희자가 먼저 관객의 호응을 유도하기도 한다. 고위층을 대상으로 한 궁중무용도 성행하였다. 한국의 전통 공연은 드라마 〈황진이〉와 영화 〈왕의 남자〉에서 확인할 수 있다.

드라마 〈황진이〉

영화 〈왕의 남자〉

(1) 소리꾼과 관객의 호응에 따라 달라지는 판소리

판소리는 노래를 부르는 소리꾼과 북을 치는 고수가 서로 호흡을 맞춰 노래와 음악을 통해 관객에게 이야기를 들려주는 공연이다. 판소리는 지켜보는 관객에 따라 큰 줄거리는 유지한 채로 실시간으로 사설이 변화한다는 점에서 항상 다른 공연이 된다.

판소리　　　　　　　　　　　　　북

(2) 아슬아슬 마음 졸이는 줄타기

　줄타기는 줄을 타는 줄광대와 마당의 어릿광대가 함께 펼치는 공연이다. 줄광대는 악사들의 반주에 맞춰 공중에 매단 외줄을 건너거나 그 위에서 높이 뛰어오르는 등의 곡예를 펼친다. 곡예 중간에 줄광대는 어릿광대와 재담을 주고받거나 노래를 부르기도 한다. 따라서 줄타기는 종합예술 공연이라고 할 수 있다.

줄타기

(3) 살벌하면서 아름다운 칼의 춤, 검무

칼춤 또는 검기무라고도 부르는 검무는 칼을 들고 추는 춤을 의미한다. 삼국시대 때부터 시작된 검무는 조선대에 이르러 궁중무용으로 채택되었다. 칼을 들고 추는 춤이니만큼 초기의 검무는 잔인한 부분이 일부 있기도 했다.

검무

 **[학습활동]**

1. 이번 장에서 학습한 단어의 뜻을 정리하여 문장으로 작성해보자.

1) 사설 :

2) 광대 :

3) 소리꾼 :

2. 모국의 전통 예술을 사진이나 동영상 등의 자료를 이용하여 소개해보자.

3) 영롱하고 화려한 전통 생활 공예

공예품은 예술적 가치가 있으면서 실생활에서도 유용하게 활용할 수 있게 만든 물건이다. 한국은 섬세한 공예 기술이 여러 방면에서 발달했다. 소박해 보이면서도 정교한 기술이 쓰인 도자기, 우스꽝스러운 생김새로 보는 사람들의 마음을 즐겁게 하는 탈, 오색 빛이 영롱하여 화려함의 극치로 평가받는 자개 등이 대표적이다. 한국의 미가 집약된 공예의 세계는 다큐멘터리 〈천년의 여정〉과 드라마 〈홍천기〉에서 확인할 수 있다.

다큐멘터리 〈천년의 여정〉

드라마 〈홍천기〉

(1) 실용성과 아름다움을 두루 갖춘 도자기

한국의 도자기는 고려 시대의 청자와 조선시대의 백자가 대표적이다. 고려청자의 비취색과 자연을 담은 문양, 청자의 부드러운 곡선은 고려 시대에도 국내외에서 최고로 취급되었다. 조선의 백자는 푸른 무늬가 들어간 청화 백자나 실용성이 강조된 형태나 단정한 형태의 큰항아리 등이 있다.

고려청자

달항아리

(2) 풍자와 해학의 공연예술, 탈

탈은 사람이나 동물의 얼굴을 흉내 낸 가면을 의미한다. 주로 공연을 할 때에 쓰이는 한국의 탈은 사실적이기보다는 개성적인 모양이 많은데, 탈만 보고도 그것이 나타내려는 특징을 쉽게 알 수 있는데 선비나 양반과 같은 이들에 대한 풍자 의식이 강하게 드러난다.

한국의 전통 탈

(3) 오색찬란한 빛깔의 생활 공예. 자개

　자개는 조개껍질을 의미하는데 이 자개를 장식으로 사용하는 공예 기법을 나전이라고 부른다. 나전 기법은 얇게 펴 옻칠한 장롱을 장식하는 데에 주로 쓰인다. 나전과 옻칠을 하나로 묶어 '나전칠기'라고 부르기도 한다. 오색영롱한 자개는 옻칠된 장과 어우러져 우아하면서도 고풍스러운 인상을 준다.

나전칠기

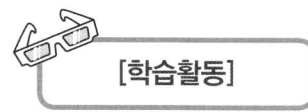 **[학습활동]**

1. 이번 장에서 학습한 단어의 뜻을 정리하여 문장으로 작성해보자.

1) 공예 :

2) 탈 :

3) 나전칠기 :

2. 한국의 전통 공예품 가운데 만들어 보고 싶은 것에 대해 발표해보자.

더 읽을거리 & 볼거리

(1) 영화 〈매미소리〉

〈매미소리〉는 삶과 죽음을 사이에 두고 20년 만에 비로소 서로를 마주하게 된 부녀의 깊은 갈등과 눈물 나는 화해를 그린 작품이다. 출상 전날 밤 초상집 마당에서 광대들과 상여꾼들이 벌이는 전라남도 진도의 전통 민속놀이 '다시래기'를 소재로 매미소리를 들으면 곡소리를 내는 딸과 다시래기 단장의 뒤를 이어 인간문화재라는 명예를 얻기 위한 아버지의 갈등과 화해 과정이 감동적으로 연출되었다. 전라남도 진도를 배경으로 한국 고유의 전통 소리를 담아냈다.

(2) 영화 〈광대 : 소리꾼〉

〈광대 : 소리꾼〉은 임진왜란과 병자호란 이후 힘들었던 백성들의 삶을 위로해준 것은 하층민이었던 광대들의 소리였다는 내레이션으로 시작한다. 영조 10년, 사라진 아내 간난을 찾아 나선 소리꾼 학규와 그의 딸 청이. 학규를 중심으로 뭉친 새로운 광대패들과 함께 흥과 한이 담긴 전국팔도의 여정이 시작된다. 가족을 찾기 위해 "우리는 다시 만나야 한다!"는 학규의 외침과 함께 민족의 흥과 한이 다시 울려 퍼진다. 전통 사당놀이와 판소리를 소재로 하여 〈심청가〉와 〈춘향가〉 등 한국의 전통 소리를 만날 수 있다.

(3) 애니메이션 〈무녀도〉

〈무녀도〉는 시대의 변화 속에서 소멸해가는 '무녀'의 삶과 신구 세대의 운명적 갈등을 담은 애니메이션이다. 김동리의 단편소설 「무녀도」(1936)가 원작이다. 무녀는 샤머니즘을 섬기는 직업 종교인이다. 조선 말기에 유일하게 인정되는 여성의 직업이었다.

경주 지역을 중심으로 고증된 무녀의 복장, 굿의 장단, 동작 등 극중의 다양한 굿판이 사라질 위기에 직면한 '모화'의 이야기와 함께 펼쳐진다. 영험한 신기를 간직한 채 홀로 생계를 꾸리는 여성으로서 여러 오해와 모함에 시달려야 했던 무녀의 삶을 애니메이션으로 연출한 작품이다.

2 현대 예술

한국의 현대 예술은 음악·미술·무용·공연·영화·만화 등 다양한 분야에서 세계적으로 유명세를 떨치고 있다. 현대 예술가들의 창작 의지와 열정이 세계인의 마음을 사로잡은 결과이다. 1990년대 중반부터 한국의 현대 예술과 더불어 세계 여러 나라의 예술 작품을 감상할 수 있는 국제적인 페스티벌이 한국의 여러 지역에서 다양하게 열리고 있다. 부산과 부천 그리고 전주 등의 지역에서 열리는 국제 영화제, 통영과 서울 등의 지역에서 열리는 국제 음악제, 광주와 부산 등의 지역에서 열리는 비엔날레 등이 대표적이다. 페스티벌 기간 동안 전 세계의 유명 영화인, 음악인, 미술인들이 한 자리에 모여서 훌륭한 작품을 선보이고 서로 소통하면서 교류한다. 세계적인 수준으로 성장한 다양한 분야의 국제 페스티벌은 한국인 특유의 열정과 신명 나는 흥취가 만들어낸 예술적 성취라 할 수 있다.

1) 세계인의 화려한 영상미로 수놓은 국제 영화제

영화 〈라디오 스타〉와 드라마 〈별똥별〉은 연예계 톱스타의 일상을 다룬 작품들이다. 이러한 작품들처럼 스타의 일상과 화려한 모습을 직접 눈으로 볼 수 있는 기회가 있다면 무척 흥미로울 것이다. 여자배우들의 아름다운 드레스와 멋진 턱시도를 차려입은 남자배우들을 가까이에서 볼 수 있는 곳이 있다. 바로 영화제이다. 한국의 배우들 뿐 아니라 미국, 유럽, 아시아의 유명한 배우들이 참석하는 영화제 기간 동안 꿈같은 축제가 열린다.

드라마 〈별똥별〉

영화 〈라디오 스타〉

(1) 푸른 바다와 레드카펫의 어울림, 부산국제영화제(Busan International Film Festival)

한국에서 열리는 영화제 중 가장 잘 알려진 영화제는 부산국제영화제이다. 부산국제영화제(BIFF)는 1996년에 한국과 해외의 영화 교류를 위해 처음 시작되었다. 이후 잘 알려지지 않은 아시아영화와 새로운 한국영화를 소개하는 영화제로 유명해졌다. 아시아 신인감독과 한국 독립영화 부문에서는 재능 있는 작가들을 발굴하는 시상식이 열리기도 한다. 부산광역시 해운대의 센텀시티 일원에서 매년 10월 초에 10일간 개최된다. 세계 영화인들이 모여서 한 해 동안 만들어진 훌륭한 작품을 감상하고 서로를 격려하는 화려한 축제이다. BIFF에 간다면 좋아하는 스타를 만날 수 있을 것이다.

조직위원회에서 제공한 부산국제영화제 풍경

(2) 디지털과 독립 영화의 산실, 전주국제영화제(Jeonju International Film Festival)

전주국제영화제는 봄꽃 향기 가득한 4월, 한국에서 1년 중 가장 먼저 열리는 영화인들의 잔치이다. '디지털'을 매개로 한 영화제의 특성은 '자유·독립·소통'이라는 슬로건을 통해 확인할 수 있다. 특히 영화제가 열리는 기간 관객들은 전주시 '영화의 거리' 주변에서 디지털 영화, 대안 영화, 독립 영화를 감상할 수 있다. 전주는 맛있는 한국 음식으로도 유명해서 이곳을 찾는 전 세계 영화인들은 더욱 흥겹게 영화제를 즐긴다.

조직위원회에서 제공한 전주국제영화제 풍경

(3) 장르 영화의 신세계, 부천국제판타스틱영화제(Bucheon International Fantastic Film Festival)

　1997년에 시작된 부천국제판타스틱영화제(BIFAN)는 매년 7월에 열린다. 영화제가 열리는 경기도 부천시는 유네스코(UNESCO)에서 창의도시로 선정한 곳이다. BIFAN은 아시아에서 가장 크고 오래된 장르 영화제이다. 영화와 만화, 애니메이션 등 다양한 장르의 영상 작품이 소개된다. 이곳에서는 호러(horro)나 스릴러(thriller), SF(Science Fiction) 같은 판타스틱 장르와 코미디, 로맨스, 액션 영화 등 다양한 영화를 감상할 수 있다. XR부문 연계 퍼포먼스 등의 행사와 부천영화학교 운영 등으로 국내외 영화인들의 사랑을 받는 영화제이다.

조직위원회에서 제공한 부천국제판타스틱영화제 풍경

(4) 여성의 시선으로 기록한 세상, 서울국제여성영화제

서울국제여성영화제에 가면 여성의 눈으로 본 삶의 여러 모습이 담긴 영화를 볼 수 있다. 1997년 서울에서 시작하여 세계 여성영화의 변화와 최근의 흐름을 소개하고 있다. 이 영화제는 아시아 지역 여성영화 간의 교류와 소통으로 특화되어 있다. 또한 재능 있는 여성 영화인을 발굴하고, 여성영화 제작을 지원하는 등 여성 중심의 새로운 영화 문화를 만들어 가고 있다. 서울국제여성영화제는 여성영화를 통해 여성단체와 관객이 서로 이해하고 화합할 수 있도록 돕는 역할을 한다.

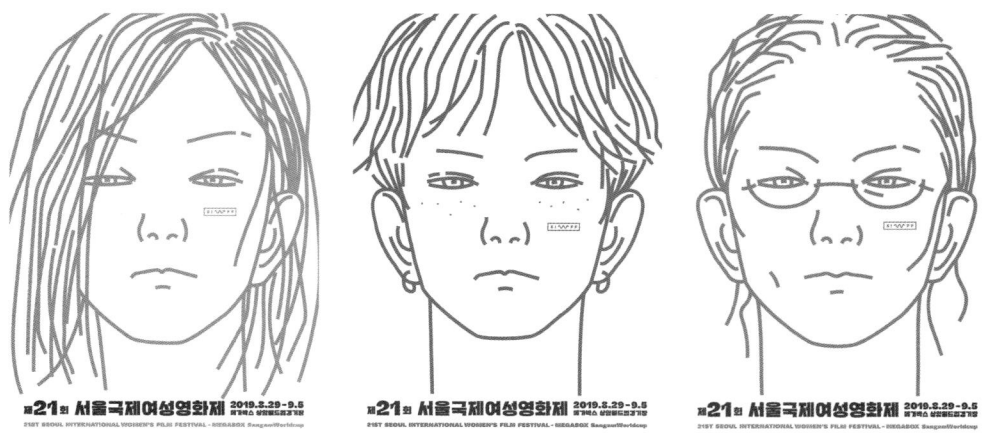

조직위원회에서 제공한 서울국제여성영화제 포스터

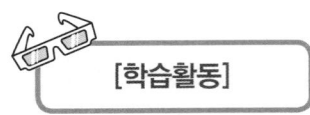 **[학습활동]**

1. 이번 장에서 학습한 단어의 뜻을 정리하여 문장으로 작성해보자.

1) 부산국제영화제 :

2) 전주국제영화제 :

3) 부천국제판타스틱영화제 :

2. 한국에서 열리는 국제영화제를 모국의 친구들에게 소개하는 글을 작성하여 발표해 보자.

2) 세계인의 음악적 감성을 고취하는 국제 음악제

음악은 사람들을 행복하게 한다. 기쁨과 위로 그리고 마음에 감동을 주는 음악이 있어서 삶이 더욱 풍성할 수 있다. 세계 곳곳에서 열리는 음악 축제에는 특히 많은 사람들이 모인다. 좋아하는 음악을 듣고 아티스트들과 함께 하는 시간이 행복하기 때문이다. 한국에는 다양한 국제 음악제가 있다. 음악을 감상하고 음악에 대해 마음껏 이야기할 수 있는 소중한 축제이다. 음악을 소재로 한 영화로는 〈그것만이 내 세상〉과 〈파파로티〉가 있다.

영화 〈그것만이 내 세상〉　　　　영화 〈파바로티〉

(1) 한국의 나폴리, 통영국제음악제

통영국제음악제는 대한민국의 대표적인 음악예술 축제이다. 경상남도 통영시에서 매년 봄과 가을 두 차례로 나뉘어 열리는데, 서양음악을 중심으로 현대음악, 고전음악, 고전주의, 낭만주의, 교향악, 실내악, 오페라 및 음악극 등의 다양한 공연을 선보인다. 특히 현대음악 분야의 공연이 유명하다. 음악제가 열리는 통영국제음악당은 뛰어난 음향시설과 최고의 경관을 자랑한다. 콘서트홀 바로 앞에는 남해안의 아름다운 경치가 펼쳐지는데, 이곳을 방문한 수많은 예술가들이 가장 아름다운 공연장 중 하나로 손꼽는다.

조직위원회에서 제공한 통영국제음악제 풍경

(2) 자유로운 영혼의 울림, 재즈 페스티벌

매년 5월 열리는 서울재즈페스티벌과 매년 가을 열리는 경기도 가평군 자라섬의 자라섬국제재즈페스티벌은 한국의 대표적인 재즈 축제이다. 여러 곳의 실내외 공연장에서 유명한 아티스트들이 펼치는 공연을 관람자들의 취향에 따라 자유롭게 골라서 즐길 수 있다. 최근에는 재즈뿐 아니라 팝 아티스트, 인디락 밴드 등도 많이 참가해서 다양한 음악의 뮤직 페스티벌이 되었다. 관객들은 소풍 온 것처럼 편하게 아티스트들과 함께 노래를 부르며 페스티벌을 즐긴다.

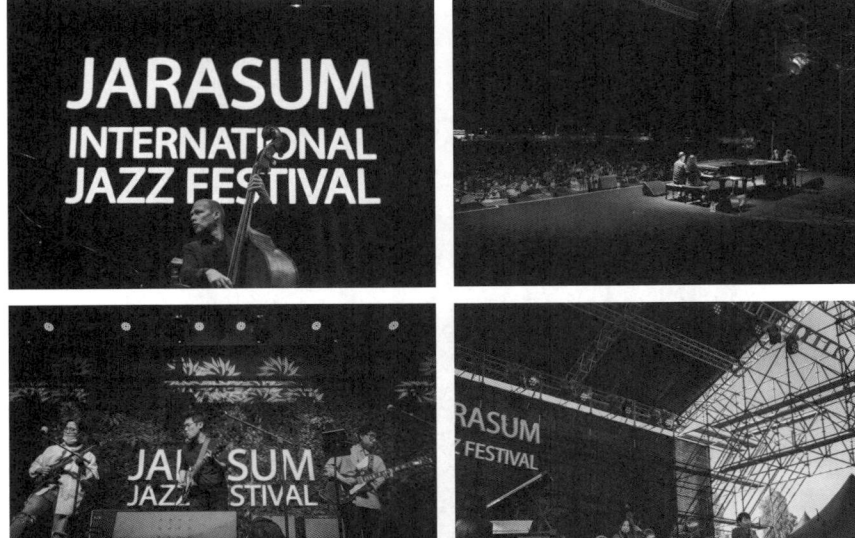

조직위원회에서 제공한 자라섬국제재즈페스티벌 풍경

(3) 젊음의 열기, 락 페스티벌

 락 페스티벌(Rock Festival)은 주로 여름에 야외에서 열리는 락(Rock) 음악이 중심인 음악 축제이다. 1960년대 미국에서 시작되었고 한국에서는 1997년 고려대학교 노천극장(야외무대)에서 열린 '97 자유 콘서트'가 대한민국 최초의 락 페스티벌이다. 여름이 되면 서울, 부산을 비롯한 전국 곳곳에서 흥겨운 락(Rock) 음악과 젊음의 열기를 느낄 수 있다. 코로나19 펜데믹 때문에 온라인으로 개최되어도 열기가 뜨거울 정도로 인기가 많다.

조직위원회에서 제공한 부산문화관광축제 '락 페스티벌' 풍경

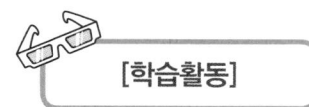 [학습활동]

1. 이번 장에서 학습한 단어의 뜻을 정리하여 문장으로 작성해보자.

1) 통영국제음악제 :

2) 자라섬국제재즈페스티벌 :

3) 락 페스티벌 :

2. 한국의 국제음악제 행사에 모국의 친구를 초청하는 편지를 작성하여 발표해보자.

3) 세계인의 미술과 한국인의 문학 국제 비엔날레

이탈리어어 '비엔날레(Biennale)'는 '2년마다'라는 뜻으로, 2년마다 열리는 국제미술제를 의미한다. 세계에서 가장 오래 된 국제미술제는 이탈리아의 베네치아비엔날레이다. 미국, 브라질, 프랑스 등 세계 여러 나라에서 국제미술제가 열린다. 한국에서는 1995년에 시작된 광주비엔날레가 가장 오래 되었다. 경기도 과천에 있는 국립현대미술관을 모티브로 영화 <미술관 옆 동물원>이 제작되어 호평을 받았다.

(1) 세계 인류의 현실을 담아내는 화폭, 광주비엔날레

광주비엔날레는 세계 미술가, 미술 애호가들의 사랑과 관심을 받는 대한민국의 대표적 국제미술전시회이다. 매회 세계 인류의 사회문화 현실과 주요 이슈, 미래 지향 가치를 반영한 주제를 선정하

영화 <미술관 옆 동물원>

여 국제 미술전시회, 국제 학술행사, 특별 동반프로그램을 함께 진행한다. 광주비엔날레를 찾는 관람객들은 아름다운 미술작품을 보면서 감동을 받고 마음의 기쁨을 얻는다. 광주광역시 일대에서 2년마다 열리는 광주비엔날레는 부산 비엔날레, 타이페이비엔날레와 함께 아시아에서 가장 오래되고 규모가 큰 전시회가 되었다. 2023년에는 52개 나

라에서 130명이 넘는 작가들이 '엎질러진 현재(spilled present)'라는 주제로 광주비엔날레에 참가한다.

조직위원회에서 제공한 광주비엔날레 풍경

(2) 젊음의 문화예술축제, 부산비엔날레

부산비엔날레는 40년 전 부산의 젊은 청년 작가들에 의해 시작된 문화예술 축제이다. 그 젊음의 순수함과 열정은 계속 이어져서 오늘날에도 부산비엔날레에 담겨 있다. 해양과 항만의 도시인 부산에서 열리는 부산비엔날레는 도시 곳곳을 전시장으로 활용하여 평범했던 시설들을 예술적 공간으로 바꾸었고, 문화 예술의 도시로서 세계인들의 사랑을 받고 있다. 국제 미술전시회와 문학 작품전도 함께 열리고 있어서 풍성한 예술의 세계를 경험할 수 있다. 지난 2020년에는 《열 장의 이야기와 다섯 편의 시(Words at an

Exhibition - an exhibition in ten chapters and five poems)》라는 제목으로 삶에 대한 고민을 예술로 보여 주었다. 코로나19(COVID-19) 펜데믹에도 30만 명이 넘는 관람객들이 찾아와 예술의 감동을 함께 나누었다.

조직위원회에서 제공한 부산비엔날레 로고

(3) 바다를 품은 남도문학의 향연, 목포문학박람회

전라남도 목포는 한국의 남서쪽에 있는 도시이다. 김우진, 박화성, 차범석, 김현, 김진섭, 조희관, 차재석, 최하림, 황현산, 김지하 등 유명한 한국 문인들이 태어나 자란 곳이다. 한국 사람들은 이 지역을 '남도'라고 부르며, 이들의 문학세계를 '남도문학'으로 일컫는다. '남도문학'은 한국의 근대문학을 대표한다고 말할 수 있다. 목포문학박람회는 한국 문학의 '과거·현재·미래'를 세계에 알리기 위해 2021년 목포문학관에서 열렸다. 문학

김현 문학비

차범석, 예술가의 삶 표지

을 주제로 전시와 공연을 선보이고 작가와 만나는 행사도 있어서 책과 문학을 사랑하는 독자들에게는 귀한 시간이 되었다. 세계를 빛낸 한국 문학과 영화·드라마·연극·뮤지컬·만화 등 다양한 볼거리가 가득하다.

목포문학관의 작가 전시실

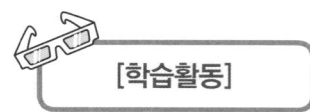 [학습활동]

1. 이번 장에서 학습한 단어의 뜻을 정리하여 문장으로 작성해보자.

1) 광주비엔날레 :

2) 부산비엔날레 :

3) 목포문학박람회 :

2. '목포문학관' 홈페이지를 방문하여 둘러보고, 모국의 친구들에게 '목포문학관'을 소개하는 글을 작성하여 발표해보자.

더 읽을거리 & 볼거리

(1) 영화 〈파파로티〉
타고난 재능에도 불구하고 가난과 외로움을 주먹으로 달래고 있던 고등학생 장호 앞에 어느 날 까칠한 음악선생님이 나타난다. 음악선생님은 친절하지도 호의적이지도 않지만 자꾸 노래를 시키고 가르치려 한다. 이처럼 영화 〈파파로티〉는 불량학생 장호와 불만교사 상진의 운명적인 만남이 장호의 미래를 바꾸어 가는 인간 승리의 영화이다.

(2) 영화 〈그것만이 내 세상〉
전직 복싱 선수 조하는 과거 동양 챔피언까지 했지만 지금은 오갈 데 없는 한심한 신세이다. 거리에서 우연히 헤어진 엄마를 만나서 17년 만에 집으로 돌아간다. 집에는 서번트증후군을 앓고 있는 동생 진태가 있다. 엄마는 조하에게 아픈 동생 진태를 맡기고 사라져버리고 조하는 엄마에 화가 나지만 진태를 보살피기 시작한다. 진태가 피아노에 큰 재능이 있다는 것을 알게 된 조하는 진태가 음악을 할 수 있도록 돕기 시작한다. 이처럼 영화 〈그것만이 내 세상〉에서는 서로를 받아들이고 성장해 가는 따뜻한 형제 이야기가 감동적으로 전개된다.

(3) 영화 〈과속 스캔들〉
나이 서른 중반의 인기 연예인 현수는 과거 최고의 아이돌 스타였다. 10대 소녀 팬들의 영원한 우상이었던 현수 앞에 갑자기 딸이라고 우기는 정남과 정남의 어린 아들이 나타나 그를 혼란에 빠트린다. 스토커처럼 현수를 어디든 쫓아다니는 정남 때문에 아직도 유명한 스타인 현수는 예기치 못한 스캔들에 휘말리게 된다. 이처럼 영화 〈과속 스캔들〉

은 너무 어린 나이에 아빠와 할아버지가 되어 버린 인기스타 현수가 정남과 손자를 가족으로 받아들이는 과정을 통해 가족의 의미를 생각하게 한다.

(4) 영화 〈여배우들〉

패션잡지 〈보그〉의 화보 촬영을 위해 여배우 여섯 명이 스튜디오에 모였다. 20대부터 60대까지 각 세대를 대표하는 여배우들은 함께 하는 작업이 익숙하지 않아 불편하고 신경이 예민해진다. 급기야 의상 문제로 현정과 지우의 자존심 싸움이 시작되고 지우는 자리를 떠나 버린다. 이처럼 영화 〈여배우들〉은 스타급 여배우들이 서로를 이해하고 위로와 격려로 촬영을 잘 마칠 수 있을지를 초조한 시선으로 포착한 작품이다.

3
K-콘텐츠

인터넷 기반의 플랫폼 활성화로 자신이 좋아하는 노래와 영상물을 언제든지 즐길 수 있게 되면서 K-콘텐츠에 관한 관심이 높아졌다. 물리적 국경을 뛰어넘어 전 세계에서 K-콘텐츠를 즐기는 사람들도 빠르게 늘어나고 있다. K-콘텐츠 인기는 어느 날 갑자기 생긴 것이 아니다. 중화권을 비롯한 아시아에서 시작된 열기가 뜨겁게 달아오르면서 전 세계로 확산하였다. 전 세계 K-콘텐츠에 관한 관심은 K-드라마에서 시작되었다. K-드라마가 중화권에 방영되며 아시아인을 사로잡았고, 자연스럽게 K-POP으로 관심이 이어졌다. 이에 발맞춰 K-POP과 K-드라마의 종류도 다양해졌고, K-POP과 K-드라마를 소재로 하는 다양한 유형의 K-콘텐츠 제작이 활발해지면서 한국 문화에 관한 세계인의 관심 또한 점점 더 높아지고 있다.

1) 세계인의 이목을 사로잡은 K-POP

　K-콘텐츠 인기에 힘입어 K-POP을 소재로 한 다양한 드라마가 연달아 제작되었다. 드라마 <미남이시네요>는 수녀를 꿈꾸던 고미녀가 쌍둥이 형제 고미남으로 남장을 한 채 아이돌 밴드 'A.N.JELL'의 일원이 되면서 벌어지는 이야기를 담고 있다. <미남이시네요>에는 'A.N.JELL'가 노래를 부르고 공연을 하는 장면이 다수 포함되어 있으며 이 노래들은 실제 OST 앨범으로 발표되기도 했다.

　한국 공영방송 KBS의 예능국을 배경으로 펼쳐지는 드라마 <프로듀사>에서는 음악방송 뮤직뱅크의 PD 탁예진과 인기 절정의 10년 차 가수 신디를 통해 K-POP 가수들이 활동하는 예능국 풍경이 다양하게 연출된다. 드라마 <이미테이션>은 가수 라리마를 비롯한 아이돌과 연습생이 등장하여 그들의 일상을 보여주고 있다.

　K-POP을 소재로 한 드라마에서는 가수들의 활동 양상이 다양하게 그려졌다. <미남이시네요>에서 'A.N.JELL'이 무대에서 공연하는 장면을 연출했다. <프로듀사>에서는 음악방송 <뮤직뱅크>와 <스케치북>의 무대를 활용하여 현실에 가까운 K-POP 가수들을 연출하였다. <이미테이션>에서는 극 중 가수인 '티파티'가 <뮤직뱅크>에서 데뷔 무대를 가지며 에 대해 더욱 현실적으로 표현했다.

드라마 <미남이시네요>

드라마 <이미테이션>

(1) K-POP 열풍의 진원지, 중화권

한류의 시작은 중화권이었다. 1993년 한국 드라마가 중화권에 수출되어 방송되었다. 1997년 한국에서 방영된 드라마 〈별은 내 가슴에〉가 중국 전역에서 높은 시청률을 기록하면서 주인공 강민이 부른 노래 〈포에버〉 또한 인기를 끌었다. 강민 배역의 배우 안재욱 또한 인기몰이의 주인공이 되었다. 안재욱은 2000년 가수로서 중국에 진출하게 되었고, 중국에서 콘서트는 물론 외국인 최초로 중국 영어 시험 문제로 등장할 정도로 화제의 주인공이 되었다. 안재욱은 최초의 한류 스타였다.

이와 비슷한 시기에 한국 그룹 클론은 한류 스타 가수가 되었다. 클론은 대만 인터내셔널 차트에서 1위를 차지하고 한국어로 음반을 발표할 정도로 많은 사랑을 받았다. 클론이 한류 스타가 된 이유는 대만 가수 유키가 리메이크해서 발표한 노래 〈묘묘묘〉(클론의 도시탈출 번안곡) 때문이다. 유키의 노래 〈묘묘묘〉가 12주 연속 1위를 할 만큼 인기를 끌면서 원곡자 클론에 관한 관심도 급증하였다.

중화권의 한류 열풍으로 NRG, 베이비복스와 같은 아이돌 가수들의 진출이 활발해졌다. 당시 한국 최정상의 아이돌 그룹 HOT도 중화권에 진출하였다. HOT는 2000년부터 본격적으로 중화권에서 활동하기 시작했다. HOT의 음반은 최초로 중국에서 정식으로 유통되었고, 중국에서 최초로 단독 콘서트를 개최하면서 중국의 최신 유행을 이끌었다.

(2) 현지화 전략을 통한 K-POP의 일본 진출

일본에서의 K-POP 인기는 현지화 전략의 결과물이었다. 한국의 유명 가수가 중화권에 진출했던 것과 달리, 일본 진출을 시도한 K-POP 가수들은 현지에서 신인 가수로 데뷔하는 전략을 구사했다. 신인 시절부터 한국과 일본 양국에서 동시 활동을 한 가수 보아는 데뷔 이전부터 일본 진출을 목표로 했다. 일본에서 지내며 일본어와 일본 문화를 습득하고, 일본 스태프와 함께 일하면서 한국 가수가 아닌 일본 가수로서 일본에 진출하였다. 그 결과 오리콘 차트 1위를 차지하며 큰 성공을 거두었다.

동방신기 역시 한국에서는 이미 최정상의 아이돌 그룹이었지만, 일본에서는 신인 그룹으로 작은 무대에서부터 활동하기 시작했다. 보아와 마찬가지의 현지화 전략을 통해 일본 무대에 데뷔한지 4년 만에 일본 최고 공연장인 도쿄돔까지 진출할 만큼 인기를 끌게 된다. 보아와 동방신기의 성공으로 일본에서 한국 가수에 관한 관심이 증가하기 시작하였다. 이를 계기로 많은 K-POP 가수들이 일본의 신인 가수가 아닌 한국의 K-POP 가수로서 일본에 진출하였다.

카라와 소녀시대가 성공적으로 일본 무대에 진출하면서 일본에서 한국 걸그룹 신드롬이 시작되었다. 카라는 한국 걸그룹 최초로 도쿄돔에 입성했고, 처음으로 오리콘 주간 싱글차트 1위에 오르는 기록을 세웠다. 2012년 '일본 골드 디스크 어워즈'에서 5관왕을 차지한 카라는 2013년 1월 치러진 도쿄돔 콘서트의 객석을 매진시킬 정도로 일본에서 선풍적인 인기를 끌었다. 도쿄돔 공연은 한국 걸그룹은 물론 해외 여성 아티스트 중에서 카라가 최초였다.

K-POP 가수들이 일본어로 음반을 발표하고 일본어를 구사하며 활동하는 것도 현지화 전략의 일환이었다. 경우에 따라, 한국에서 발표된 음반을 일본어로 바꿔 부르기도 했지만, 대부분의 경우 일본 활동을 목적으로 일본 느낌의 음반을 따로 제작하여 활동하였다.

(3) 아시아 전역으로 확산한 한류 열풍

한류라는 이름으로 중화권과 일본에서 사랑을 받은 K-POP 가수들의 인기는 노래와 연기를 병행하던 엔터테이너 비(정지훈)의 활동을 계기로 아시아 전역으로 확산되었다.

비의 아시아 진출은 드라마 〈풀하우스〉를 통해 이루어진다. 비는 2004년 태국과 필리핀 등 아시아 지역에서 〈풀하우스〉가 성공을 거두면서 아시아 순회공연을 나섰고, 아시아 MTV 시상식에서 그랜드 슬램을 달성하였다. 2006년에는 미국 〈타임〉지 선정 세계에서 가장 영향력 있는 인물 100인에 선정된다. 비의 성공 이후 K-POP 열풍은 아시아 전역으로 확산되었다.

아이돌 그룹 슈퍼쥬니어도 아시아 전역에서 사랑받으면서 K-POP 열풍의 주역으로 활동했다. 기존의 K-POP 가수들의 아시아 진출이 성공하게 되면서 K-POP 팬들은 자연스럽게 한국의 가수들에게 관심을 가졌다. 슈퍼주니어의 성공은 K-POP의 인기 때문에 가능했다. 슈퍼주니어는 유닛 활동을 통해 아시아 전역에서 광범위하게 활동하면서 많은 사랑을 받았다. 2009년 발표한 노래 〈쏘리 쏘리〉가 아시아 전체를 휩쓸면서 슈퍼주니어는 아시아의 스타로 거듭난다. 〈쏘리 쏘리〉는 한국어를 몰라도 쉽게 따라 할 정도로 가사와 안무가 쉬웠고, 커버 댄스 열풍까지 불며 인기를 끌었다. 슈퍼주니어는 2018년 인도네시아에서 개최된 아시안게임의 폐막식 무대에 오르면서 한국을 넘어 아시아 전역을 대표하는 상징적인 가수로 성장하였다.

한류 열풍의 확산과 함께 K-POP에도 많은 변화가 생겼다. K-POP 멤버로 외국에서 활동한 경험이 있는 한국인이나 외국인이 합류하였다. 필리핀 활동 경험이 있는 2NE1의 산다라 박, 태국인 멤버 2PM의 닉쿤, 일본인 멤버 TWICE의 모모·사나·미나 등 다양한 국적의 외국인이 K-POP의 멤버로 데뷔하였고, K-POP의 인기 또한 아시아 전역으로 확산하였다.

(4) 유튜브로 세계 무대를 장악한 K-POP

미국의 빌보드 핫 100 싱글 차트에 처음 이름을 올린 K-POP 그룹은 원더걸스이다. 2008

년〈노바디〉가 아시아를 평정한 후 원더걸스는 미국에 진출하였다. 2009년 원더걸스는 미국의 보이밴드 '조나스 브라더스'와 함께 미국 전역에서 활동하였다. 미국에서〈노바디〉는 한국어 가사가 아닌 영어 가사로 불리면서 K-POP의 인기몰이가 시작되었다.

미국을 비롯한 전 세계의 K-POP 인기는 싸이를 통해 확산하였다. 2012년 싸이의〈강남스타일〉은 유튜브를 통해 전 세계에 알려진다.〈강남스타일〉은 한국 가수 최초로 52일 만에 1억 뷰를 달성하였다. 마돈나와 브리트니 스피어스 등 미국 최고의 스타들과의 합동 댄스로 열풍이 빠르게 확산하면서 빌보드 HOT 100에서 2위를 차지하였다. 싸이는 한국어 원곡 그대로 미국에서 활동을 펼쳤다는 점에서 특별하다. 전 세계인들은 한국어로 된 노래를 듣고 따라 부르면서 K-POP에 관심을 가졌다.

싸이의 성공은 유튜브를 통해 이루어졌고 이후 유튜브는 K-POP을 전 세계에 알리는 역할을 하게 된다. 유튜브 구독자 순위가 전 세계 여자 가수 중 1위를 차지한 블랙핑크는 발표하는 곡마다 폭발적인 조회 수를 기록하는가 하면, 레이디 가가와 셀레나 고메즈 등 세계 최정상의 가수들과 함께 작업하면서 큰 성공을 거두었다.

2020년을 전후한 시기에 K-POP의 세계적인 열풍을 주도한 아이돌 그룹은 방탄소년단(BTS)이었다. BTS는 한국어 가사의 노래를 발표하면서도 세계인의 마음을 움직이면서 위로하였다. BTS의 성공이 특별한 이유는 미국의 거대 에이전시 없이 빌보드 차트에 이름을 올린 최초의 한국 아티스트이기 때문이다. 빌보드 차트에서 2위를 차지한 싸이가 미국의 유명 제작자의 도움을 받았던 것과 달리, BTS는 오직 유튜브와 SNS의 통해 미국에 진출하여 성공을 이루어냈다. 2020년 발표된 노래〈다이너마이트〉로 빌보드 싱글 차트 HOT 100의 1위를 차지하였고, 이후 발표한 노래들도 연이어 1위에 등극하였다. 한국어 노래로 빌보드 차트 정상을 차지하면서 BTS는 K-콘텐츠 열풍의 확산에 결정적으로 기여하였다.

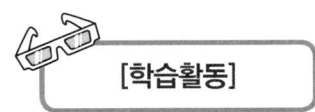 [학습활동]

1. 이번 장에서 학습한 단어의 뜻을 정리하여 문장으로 작성해보자.

1) 한류 :

2) 현지화 전략 :

3) 아이돌 그룹 :

2. K-POP 가운데 가장 좋아하는 노래를 소개하고 불러보자.

2) 아시아의 한류 열풍과 4대 천왕

한류의 시작은 K-드라마였다. K-드라마가 인기를 끌면서 K-드라마에 나오는 노래나 가수 활동을 병행하는 배우를 통해 K-POP이 알려졌다. K-드라마의 인기는 K-POP과 마찬가지로 중화권을 시작으로 일본, 아시아 전역, 그리고 전 세계로 확산하였다. 이러한 과정은 방송사의 드라마국을 배경으로 PD와 작가 그리고 배우와 매니저의 관계를 중심으로 드라마 제작과정의 애환을 다룬 두 편의 드라마 <온에어>와 <그들이 사는 세상>에서 확인할 수 있다.

드라마 <온에어>

드라마 <그들이 사는 세상>

(1) 한류의 시작, 중화권

1991년 MBC에서 방영한 드라마 <사랑이 뭐길래>는 한류의 촉매제였다. 가장 중심의 전통적인 집안과 서구적 분위기의 현대적인 집안의 아들과 딸이 연애하고 결혼하는 과정을 경쾌하게 연출한 <사랑이 뭐길래>는 방영 당시 높은 시청률을 기록한 화제작이었다. 이에 힘입어 처음으로 중국에 수출되어 중국 CCTV에서 인기리에 방영되면서 한류 열풍의 진원지 역할을 하였다. <사랑이 뭐길래>의 한국 드라마의 열기는 <별은 내 가슴에>로 이어졌다. 한국에서 1997년 방영된 <별은 내 가슴에>는 고아 출신으로 온갖 역경을 딛고 의상 디자이너로 성공하는 여자와 그녀를 사랑하는 남자의 이야기로 인기몰이하였다. 〈별은 내 가슴에〉가 1999년 중국에 수출되어 인기를 끌면서 '한류(韓流)'라는 단어가 처음 사용되기 시작하였다.

(2) 일본의 한류, 4대 천왕

2000년 KBS2에서 방영한 드라마 〈겨울연가〉는 일본에서의 한류 열풍을 주도한 작품이다. 결혼을 앞둔 여자에게 죽은 첫사랑과 닮은 남자가 나타나면서 되살아난 첫사랑의 순수한 감성을 서정적으로 연출하면서 주목받았다. 〈겨울연가〉는 일본 공영방송 NHK에서 한국어로 방영된 최초의 K-드라마이기도 하다. 드라마의 성공으로 주인공 역할을 맡은 배우 배용준과 최지우는 각기 '욘사마'와 '지우히메'라 불리며 일본 열도를 사로잡았다. 특히 배용준의 인기가 굉장했다. 〈겨울연가〉의 인기는 이후 일본의 팬들이 드라마의 주요 촬영장소인 남이섬 관광으로 이어졌다. 〈겨울연가〉의 성공으로 인해 일본에서 한류 드라마가 유행하면서 다양한 K-드라마가 일본에 방영되었고, 이 시기 한국 배우 배용준과 함께 장동건, 이병헌, 원빈이 한류 4대 천왕으로 불리며 일본인의 사랑을 받았다.

일본의 한류 열풍이 힘을 잃어갈 때쯤 새로운 한류 스타가 등장한다. 2009년 SBS에서 방영한 드라마 〈미남이시네요〉는 방영 당시 한국에서는 많은 관심을 받지 못했으나 일본에 수출되면서 새로운 한류 열풍을 일으켰다. 주인공을 연기한 배우 장근석과 박신혜가 많은 인기를 끌었다. 특히 장근석은 '근짱'이라는 애칭으로 불리며 신한류의 중심으로 등극하게 된다.

일본에서 방영된 K-드라마는 일본어로 발표되었던 K-POP의 경우와 달리, 한국어 그대로 방영되었다는 점에서 특별하다. K-드라마가 일본의 콘텐츠로서 인기를 얻은 것이 아니라 K-콘텐츠로서 일본 내에서 사랑을 받은 것이다.

3) 한류드라마에서 K-드라마로의 세계적 위상 강화

(1) 한국적 로맨스와 역사 드라마

 2004년 KBS2에서 방영한 드라마 〈풀하우스〉가 아시아 전역으로 수출되면서 한류 열풍은 아시아 전역으로 확산하였다. 〈풀하우스〉는 여자 집주인이 사기를 당해 남자 톱스타에게 자신이 살던 집을 내주게 되면서 일어나는 일들은 그린 로맨틱 코미디 드라마이다. 태국 63%, 필리핀 42.3%, 홍콩 52%, 인도네시아 78%라는 시청률을 기록하면서 주인공 역할을 맡은 배우 비와 송혜교는 아시아인을 사로잡는 한류 스타로 떠올랐다.

 2003년부터 2004년까지 MBC에서 방영한 드라마 〈대장금〉는 아시아를 넘어 세계적으로 사랑받은 작품이다. 〈대장금〉은 수라간 궁녀가 조선 왕조 최초로 임금의 주치의가 되기까지의 과정을 그려낸 드라마로 높은 시청률을 기록하였다. 이후 아시아 전역에 수출되며 많은 인기를 끌었다. 그 결과 주인공 장금이 역할을 맡은 배우 이영애는 한류 스타의 반열에 올랐다. 〈대장금〉은 아시아를 넘어 중동 지역과 아프리카, 유럽 등 총 31개국에 수출되면서 "가장 한국적인 것이 세계적인 것"이라는 문화적 특수성을 입증한 작품이라는 점에서 의미가 크다.

(2) 보편적 로맨스와 한국적 특수성

 〈별에서 온 그대〉(SBS, 2013년), 〈태양의 후예〉(KBS2, 2016년), 〈사랑의 불시착〉(tvN, 2019년) 등의 드라마들이 한국에서 방영된 후 다양한 국가에서 인기를 끌며 K-드라마의 인기를 이어갔다. 400년 전 지구에 떨어진 외계인 남자와 한류 여신 톱스타의 사랑 이야기를 다룬 〈별에서 온 그대〉는 '치맥(치킨과 맥주)'이라는 단어를 영국 옥스퍼드 사전에 올릴 만큼 세계적인 영향력을 과시했다. '치맥'은 이후 한국을 대표하는 음식으로 세계에 알려지게 된다. 극한 환경 속에서 사랑과 성공을 꿈꾸는 군인과 주체성이 강한 여자 의사의 사랑을 통해 인류 보편의 가치를 담아낸 <태양의 후예>, 패러글라이딩 사고로 북한에 불시착한 남한의 재벌 상속녀와 그녀를 숨기고 지키다 사랑에 빠진 북한 장교의 사랑 이야기를 다룬 <사랑의 불시착>의 성공으로 K-드라마는 세계 콘텐츠 시장에서 가장 경쟁력 높은 문화 상품으로 각광받고 있다.

K-드라마의 인기는 드라마 자체보다는 주연 배우를 향해 있었다. 특정한 K-드라마가 성공하고 나면 주연 배우에 대한 관심이 증가하고 배우들은 해당 국가에서 팬미팅, 광고, 예능프로그램 출연 등 다양한 활동을 하였다. 그러나 글로벌 온라인 동영상 서비스(OTT) 넷플릭스의 등장으로 K-드라마는 작품 그 자체가 아시아 지역을 넘어 전 세계에서 사랑을 받게 된다. 2019년 넷플릭스에서 처음 선보인 한국 오리지널 시리즈 드라마 <킹덤>이 그 시작이다. <킹덤>은 조선시대를 배경으로 한 좀비 미스터리 스릴러인데 코로나19(COVID-19) 펜데믹이 장기화되면서 영향력을 확대한 넷플릭스를 통해 전 세계 시청자와 만났다.

(3) 한국식 생존 게임의 세계적 화제

2021년 넷플릭스에서 공개된 드라마 <오징어 게임>은 <킹덤>을 이어 세계적 신드롬을 일으켰다. <오징어 게임>은 다른 나라의 드라마가 1위를 차지한 적이 없었던 인도에서조차 인기 순위 1위를 기록하였다. 넷플릭스가 서비스 중인 83개국 전체에서 1위를 차지하는 대기록을 세운 것이다. 456억 원의 상금이 걸린 의문의 서바이벌 게임에 참가한 사람들이 최후의 승자가 되기 위해 목숨을 걸고 극한의 생존 게임에 도전하는 이야기를 담은 <오징어 게임>의 성공은 '무궁화꽃이 피었습니다', '달고나(설탕) 뽑기', '줄다리기', '구슬치기', '징검다리 건너기', '오징어 게임' 등 한국의 다양한 놀이 문화를 전 세계에 알리게 되는 계기가 되었다. 특히 '달고나(설탕) 뽑기'의 경우 세계 곳곳에서 만들어 먹을 정도로 사랑을 받았다. 주인공으로 출연한 이정재와 박해수 등은 〈오징어 게임〉을 통해 세계적인 배우로 주목받았다.

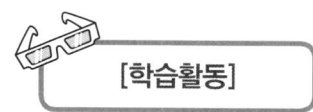
[학습활동]

1. 이번 장에서 학습한 단어의 뜻을 정리하여 문장으로 작성해보자.

1) 한류 촉매제 :

2) 4대천황 :

3) 치맥 :

2. 아래 제시한 K-드라마의 대사를 배우의 감정으로 표현해보자.
   1) 〈오징어 게임〉 : "우린 깐부잖아."
   2) 〈태양의 후예〉 : "사과할까요, 아니면 고백할까요?"
   3) 〈별에서 온 그대〉 : "행복한 꿈을 꾸었습니다. 그리고 깨달았습니다. 행복한 꿈은 더욱 날 불행하게 만든다는 것을, 애당초 행복한 꿈을 꾸는 것이 아니었습니다."

더 읽을거리 & 볼거리

(1) 영화 〈브레이크 더 사일런스: 더 무비〉

2020년 K-POP을 대표하는 가수, BTS의 전 세계 스타디움 투어 'LOVE YOURSELF: SPEAK YOURSELF'의 모습을 담은 영화이다. K-POP 팬들에게 익숙한 무대 위의 BTS가 아닌 무대 뒤에서, BTS 7명의 멤버들이 그동안 한 번도 말하지 못한 내면의 진솔한 이야기를 담고 있어 BTS에 대한 새로운 모습을 발견할 수 있다.

(2) 영화 〈SMTOWN THE STAGE〉

오랜 시간 K-POP의 대표 주자로서 K-POP을 이끌어 온 SM 엔터테인먼트의 글로벌 공연 SM 타운라이브 무대의 감동과 실황을 담은 영화이다. 한국 아이돌 1세대 H.O.T.의 멤버인 강타를 비롯하여 보아, 동방신기, 슈퍼주니어, 소녀시대, EXO 등 K-POP을 대표하는 SM 엔터테인먼트 소속 가수들의 무대와 콘서트의 비하인드 스토리를 담은 다큐멘터리 영화이다.

(3) 드라마 〈시크릿 가든〉

무술감독을 꿈꾸는 스턴트 우먼과 까칠한 재벌3세 백화점 사장의 영혼이 바뀌면서 벌어지는 소동을 통해 사랑과 결혼의 의미를 짚은 로맨스 판타지 드라마이다. 극중 아시아 한류스타와 그의 팬의 관계를 통해 한국 연예인의 활동과 일상을 엿볼 수 있다.

(4) 드라마 〈드림하이〉

아이돌 가수를 꿈꾸는 학생들이 모인 예술고등학교를 배경으로 펼쳐지는 이야기이다.

가수 데뷔를 준비하는 연습생에서부터 오디션을 거쳐 가수로 데뷔하여 활동하는 과정까지 한국의 아이돌 가수와 관련한 다양한 모습을 엿볼 수 있다.

(5) 영화 〈Mr. 아이돌〉

아이돌이 되기에는 부족함이 많은 '미스터 칠드런'이 독설 프로듀서의 트레이닝을 통해 2011년 가장 주목받는 신인으로 떠오르는 내용의 영화이다. 연습생 트레이닝, 오디션 과정 등 K-POP 가수와 관련된 다양한 내용을 엿볼 수 있다.

chapter 4

전통과 역사

1
세계문화유산

한국인들의 자긍심을 느낄 수 있는 문화유산, 그래서 한국인들이 소중하게 보호하고 있는 문화유산에는 신라 시대와 조선 시대의 왕궁 문화와 종교적 이념에 기초한 문화유산 등이 있다. 신라와 조선의 문화유산을 이해하기 위해서는 먼저 한국의 역사를 이해할 필요가 있다. 한국의 역사를 간단히 표로 정리하면 다음과 같다.

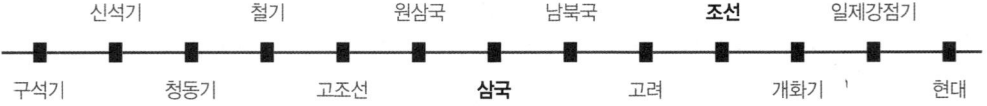

삼국시대는 4세기 초에서 7세기 중엽까지 고구려, 백제, 신라라는 세 나라가 함께 발전하며 대립하고 교류하던 시대이다. 신라는 서기전 57년, 고구려는 서기전 37년, 백제는 서기전 18년에 건국되었다. 이렇게 시작된 삼국은 신라에 의해 통일되었다. 조선은 이성계가 고려를 무너뜨리고 1392년에 세운 나라이다. 조선은 유교 이념에 입각한 문화를 찬란하게 꽃피웠다. 신라와 조선 시대의 문화유산을 통해 한국인의 정신세계와 삶을 종합적으로 이해할 수 있다.

1) 신라왕경 천년의 문화유산

2009년 MBC에서 방영한 <선덕여왕>은 한국 역사상 최초의 여성 임금인 신라 제27대 선덕여왕의 이야기를 그린 역사드라마이다. <선덕여왕>은 주인공 '선덕여왕'을 여성 임금이라는 의미보다 인재를 얻어 한국 역사상 최초의 통일을 이룬 지도자로 그려냈다는 평가를 받았다. 시청자들은 <선덕여왕>을 보는 과정에서 신라의 골품제도를 비롯하여 제사와 축제 및 현존하는 문화재 등 신라인의 삶과 문화를 자연스럽게 만날 수 있다.

드라마 <선덕여왕>

<선덕여왕>의 배경이 된 도시는 경주이다. 경주는 신라의 천년 역사와 그 속에서 이루어낸 문화 유적들과 함께 살아가는 도시다. 경주는 기원전 57년부터 서기 935년까지 신라왕경 문화의 자취를 간직한 박물관과 같은 곳이다. 신라 천년의 역사와 문화를 간직한 한적하고 아름다운 경주는 현재 인구가 약 25만 명 정도(2021년 10월 기준)에 불과한 소도시이다. 신라는 건국 이래 천년 동안 도읍을 한 번도 옮긴 적이 없다. 그래서 경

주는 천년 전 신라의 문화 유적들을 만나고, 그 유적을 통해 신라인의 삶을 이해하기 좋은 도시이다.

신라는 한반도의 동남쪽에 자리 잡은 '사로국(斯盧國, 서라벌)'이라는 작은 부족국가로 출발하였다. 신라는 군사력으로 앞서 있던 고구려와 문화적으로 앞서 있던 백제를 통합하여 통일 왕국을 이루었다. 신라는 대내적으로 안정된 국가 기반과 경제력을 바탕으로 찬란한 과학과 문화예술을 꽃피웠다. 대외적으로는 중국과 일본은 물론 이슬람권과도 활발히 교류하며 국제도시로서의 면모를 갖추었다. 유네스코는 신라 천년의 역사와 문화를 한눈에 파악할 수 있을 만큼 다양한 유산을 간직하고 있는 경주에 '역사유적지구'라는 이름을 붙여 인류가 함께 보존해야 할 세계유산으로 등재했다.

(1) 신라 궁성 '월성'과 기러기도 날아든 '동궁과 월지'

세계 역사에서도 천년 동안 왕조를 이어온 나라는 매우 드물다. 경주는 한 왕조의 수도로서, 천년의 세월을 간직하고 있다. 경주에서는 수많은 문화 유적을 만날 수 있지만, 왕들의 생활 터전인 궁궐을 찾기는 어렵다. 신라 이후 천년이 넘는 세월 속에서 안타깝지도 신라의 궁궐은 보존되지 못했기 때문이다. 다만, 선조들의 삶에 다가가고 싶은 마음이 담긴 오랜 연구와 발굴 작업으로 신라의 비밀을 담고 있는 천년 왕궁이 조금씩 베일을 벗고 있다.

현재까지의 연구 결과에 의하면, 신라의 왕들은 월성(月城)에서 생활했다. 월성은 101년(신라 파사이사금 22년)에 쌓아 경순왕까지 52명의 왕이 머물던 왕궁이 있던 곳이다. 월성은 반월성(半月城)이라고도 불린다. 그 이유는 월성이 멀리 남산을 바라보며 굽이치는 남천을 따라 하늘에 뜬 상현달을 닮았기 때문이다. 현재 월성지구에는 성벽과 성내의 건물지가 있으며 월성 서쪽에서 이곳으로 옮겨 만든 석빙고(石氷庫)가 남아 있다.

신라 시대 도성의 외곽성인 월성의 둘레는 약 2,400m이다. 동쪽과 서쪽 길이는 900m, 남쪽과 북쪽 길이는 260m이고, 면적은 약 19만 3,845㎡나 된다. 이 성은 나라가 점점 커지면서 안압지(雁鴨池)·임해전(臨海殿)·첨성대 일대가 편입되면서 확장되었다. 월성은 철저한 계획도시였을 것으로 추정된다. 월성은 도시 전체가 바둑판 모양으로 반듯하게 정리되어 있었다. 이곳에 왕복 4차선에 해당하는 15m 정도의 넓고 반듯한 도로와 배수로가 나란히 건설되고, 배수로 안쪽에 주택가가 들어서 있었다. 이러한 도시의 모습을 통해 신라인들의 계획적이고 실용적인 삶의 자세를 엿볼 수 있다.

경주 월성　　　　　　　　　　　경주 동궁과 월지

　　월성의 동쪽 끝에 '임해전지'가 있다. 이곳은 '임해전'이라는 전각과 '월지'가 있는 곳이다. 『삼국사기』에 따르면, 신라 문무왕 14년(674년)에 "궁 안에 못을 파고, 산을 만들어 화초를 심고, 진기한 새와 기이한 짐승을 길렀다."는 기록이 있는데, 이 연못이 바로 월지이다. 이곳은 '신라 궁궐의 동쪽에 자리한 별궁 정원'이라는 의미에서 '동궁과 월지'라고도 불렸다. 조선 시대에는 폐허로 남겨진 임해전지에 기러기와 오리가 날아들어 휴식하는 것을 보고 '안압지'라고 부르기도 했다. 그저 아름다운 연못이라고 여겨졌던 이곳은 태자가 기거하던 별궁이었다는 사실이 연구를 통해 밝혀졌다. 신라의 태자가 한 나라를 이끌어 가기 위한 교육을 받고, 연못을 바라보며 휴식을 취하기도 했던 곳, 그리고 나라의 경사가 있을 때나 귀한 손님을 맞을 때 연회가 열리기도 했던 곳이 바로 이곳 임해전지이다.

  오랜 연구와 발굴 작업으로도 월성의 전반적인 모습은 현재까지도 완전히 복원되지는 못했다. 하지만 철저한 고증으로 복원된 동궁과 월지의 화려하고 찬란한 모습은 만나볼 수 있다. 임해전지의 연못 주변에는 회랑지를 비롯해서 크고 작은 건물터 26곳이 있었다. 그 가운데 임해전으로 추정되는 곳을 포함하여, 신라 건물터로 보이는 5곳 중에서 3곳의 건물과 월지를 1980년에 복원하였다. 그곳에 가면 천년 전, 신라인의 흔적을 만나볼 수 있다.

(2) 신라의 흥망을 지켜본 경주 남산

  경주에 있는 남산은 신라 역사의 시작과 끝을 상징하는 곳이다. 신라의 시작을 상징하는 것은 '나정'이다. 나정은 남산 서쪽의 나지막한 언덕에 있었다고 전해지는 우물을 가리키는 말이다. 나정은 신라를 세운 박혁거세가 탄생한 곳이라고 한다. 현재는 이곳에 박혁거세의 탄생 신화가 기록된 비석만 남겨져 있지만, 신라는 바로 이곳 나정에서 시작되었다고 할 수 있다. 나정의 남쪽에는 신라의 멸망을 상징하는 '포석정'이 있다. 신라의 왕들은 포석정에서 신하들과 연회를 즐겼다고 한다. 포석정에는 너비가 30cm쯤 되고 길이가 22m쯤 되는 물길이 있다. 왕과 신하들은 이곳을 흐르는 물에 술잔을 띄워 술잔이 멈추는 곳에 앉아 있는 사람이 시를 읊는 놀이를 즐겼다고 한다. 풍류에 빠

경주 나정

경주 포석정

진 신라는 점점 쇠약해졌고, 결국 신라 경애왕은 포석정에서 신하들과 연회를 즐기다 후백제 왕 견훤의 침략을 받고 그곳에서 최후를 맞았다고 전해진다. 그러니 천년의 신라가 시작된 곳도 남산이고, 천년의 신라를 역사 속으로 사라지게 만든 곳도 남산이라고 할 수 있다.

경주 남산은 동서로 4km, 남북으로 10km에 달하는 타원형 모양의 산이다. 남산을 성스럽게 여겼던 신라인들은 불교를 받아들이면서 7세기부터 10세기까지 약 400여 년간 남산에 수많은 절과 불상, 불탑을 만들었다. 절과 불상 그리고 불탑이 어찌나 많았던지, 『삼국유사』에서 일연은 경주 남산에 "절과 절은 별처럼 많고, 탑과 탑은 기러기처럼 늘어서 있다[寺寺星張 塔塔雁行(사사성장 탑탑안행)]"고 묘사했다. 불교 문화유산이 가득한 남산을 사람들은 불교의 성지이자 야외 박물관이라고 말하기도 한다.

남산은 크게 동남산과 서남산으로 나눌 수 있다. 동남산 지역에는 석탑과 불상이 많다. 이 중에서 문화유산으로서의 가치가 높고, 신라인의 빼어난 예술적 감각을 엿볼 수 있는 것으로 세 가지를 들 수 있다. 보리사에 모셔진 미륵곡석불좌상(석조여래좌상)과 칠불암 마애석불 그리고 신선암 마애보살반가상이 그것이다.

미륵곡석불좌상은 연꽃 위에 앉아 지그시 눈을 감고 명상에 빠져 있는 듯한 표정을 하고 있다. 이 불상은 이전의 신라 불상과는 다른 섬세한 선이 돋보여 신라 불상의 수준을 한 단계 끌어올린 작품이라는 평을 받는다. 칠불암 마애석불은 남산에 있는 유물 중에 유일하게 국보로 지정된 것이다. 칠불암이라는 암자 옆 커다란 두 개의 바위에 일곱 기의 불상이 새겨져 있어 칠불암 마애석불이라고 한다. 칠불암 마애석불은 모두 다른 모습을 하고 있는데, 화려한 연꽃 위에 앉아 은은한 미소를 머금고 있는 삼존불의 여래상과 보살상은 부드럽고 아름다운 모습을 하고 있어 더욱 눈길을 끈다. 칠불암 위쪽에 있는 신선암 마애보살반가상은 토함산을 바라보고 있다. 이 불상은 낭떠러지 위의 바위를 쪽아 만들었는데 그 선이 매우 섬세할 뿐만 아니라 세련미가 있다. 비가 내리거나 안개가 낀 날이면 이 불상은 마치 구름 위에 떠 있는 것과 같은 모습을 하고 있어 신비로움을 느끼게 한다.

칠불산 마애석불

용장사곡 삼층석탑

서남산은 개성 강한 불교문화 유물을 만날 수 있는 곳이다. 서남산 쪽의 주요 유적지는 계곡과 산 능선에 조성되어 있다. 이곳을 대표하는 불교문화 유물로는 배리석불입상과 마애석가여래좌상, 용장사곡 삼층 석탑을 들 수 있다. 배리석불입상은 가운데에 부처님이 있고 양쪽에 보살상이 서 있는 불상이다. 이 불상은 이름 없는 석공이 새긴 양 거칠고 둔탁한 모양새를 하고 있는데, 이것은 신라 초기 불교 미술의 수준을 가늠하게 해주는 중요한 유물이다. 삼릉 계곡에 있는 마애석가여래좌상은 남산에 있는 불상 중에서 가장 큰데, 그 높이가 6m에 달한다. 통일신라 후기에 완성된 것으로 보이는 이 불상은 몸을 약간 뒤로 젖힌 채 미소를 짓고 있어 보는 이의 마음을 즐겁게 해준다. 용장사곡 삼층 석탑은 낭떠러지 끝에 세워져 마치 공중에 떠 있는 것처럼 만들어졌다. 이 석탑은 아름다운 자연과 조화를 이루며 살아가고자 했던 신라 장인의 지혜와 예술성을 느끼게 한다.

경주 남산은 무수히 많은 불교문화 유적으로 가득한 곳이다. 불교를 믿었던 신라인들은 남산을 자신들이 상상한 수미산으로 만들고 싶었는지도 모르겠다. 수미산은 세계의 중심에 있다고 하는 상상의 산으로, 불교의 우주관에서 나온 산이다. 경주 남산에 가면 신라인의 불교 신앙을 눈으로 확인할 수 있다.

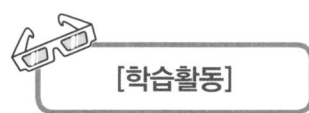

[학습활동]

1. 이번 장에서 학습한 단어의 뜻을 정리하여 문장으로 작성해보자.

1) 신라왕경 :

2) 골품제 :

3) 수미산 :

2. 신라의 수도였던 경주에 가본 적이 있다면 가장 인상적으로 본 문화 유적이 무엇인지 설명하고, 만약 가본 적이 없다면 경주의 문화 유적 중에서 제일 먼저 보고 싶은 것이 무엇인지 이야기해보자.

2) 조선 왕조 오백 년의 역사와 5대 궁궐

　한국 드라마 중에서 선조들의 삶으로 시선을 돌리는 역사 드라마의 주된 배경은 조선이다. 그중에서도 조선의 왕궁을 배경으로 당대의 정치적 상황과 갈등을 그린 작품이 많다. 한국의 역사에서 조선 시대는 과거가 되었다. 하지만 조선의 왕과 왕족 그리고 관리와 궁녀들이 살아 숨 쉬던 왕궁은 세월의 흔적을 지닌 채 서울에 남겨져 있다. 조선을 대표하는 궁궐은 다섯 개이다. 다섯 개의 궁궐 중에 경복궁은 조선 건국 시기에 만들어져 조선인들과 더불어 조선의 흥망을 고스란히 겪었다. 유교의 인의예지를 중시했던 나라 조선인이 남긴 무수한 문화 유적과 함께 현대의 한국인들은 살아가고 있다.

　조선을 배경으로 하는 드라마와 영화에서 경복궁을 쉽게 볼 수 있다. 대표적인 작품으로 2008년에 방영한 〈왕과 나〉와 〈대왕 세종〉 2011년에 방영한 〈뿌리 깊은 나무〉,

드라마 〈왕과 나〉

영화 〈천문〉

2012년에 개봉한 영화 <광해>, 2016년에 방영한 드라마 <장영실> 그리고 2019년에 개봉한 영화 <천문> 등을 들 수 있다.

(1) '궁궐 도시' 서울

서울은 조선 시대에 한양으로 불렸다. 한양은 조선 시대의 도읍이었다. 서울에는 조선 시대의 궁궐이 남겨져 있어 서울을 '궁궐 도시'라고 부르기도 한다. 궁궐은 '궁(宮)'과 '궐(闕)'을 합한 말이다. '궁'은 임금과 신하들이 만나 국정을 논하고, 임금과 왕족들이 생활하는 공간을 가리키는 말이다. '궐'은 궁을 둘러싼 담장이나 망루, 성문 등을 가리키는 말이다. 서울에는 조선을 상징하는 5대 궁궐인 경복궁(景福宮), 창덕궁(昌德宮), 창경궁(昌慶宮), 덕수궁(德壽宮), 경희궁(慶熙宮)이 있다. 왕릉에 참배하러 가거나 특별한 행사가 있는 경우를 제외하면 조선의 임금들은 주로 궁궐 안에 머물며 생활하고 나랏일을 돌보았다. 따라서 궁궐은 왕조사를 담은 공간이자 조선의 역사와 발전을 이끈 공간이라고 할 수 있다.

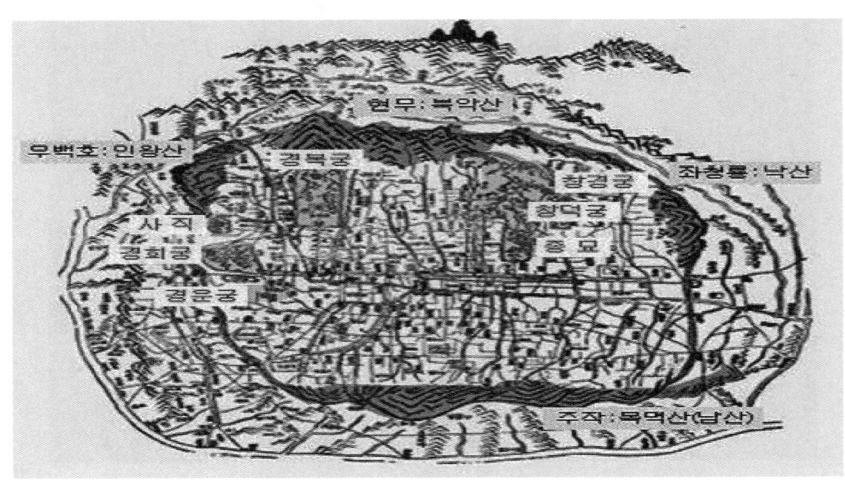

조선시대 궁궐 위치도

(2) 정무 공간 '법궁(法宮)'과 생활 공간 '이궁(離宮)'

　조선 시대 궁궐은 법궁(法宮)과 이궁(離宮)으로 분류된다. 법궁은 왕이 정무를 보고 통치를 하는 제1의 궁궐을 말한다. 이궁은 법궁에서 떨어져 있는 궁궐로, 정치적인 공간이라기보다는 일상생활을 영위하기 위한 공간으로 활용되었다. 조선이라는 새로운 역사와 발맞춰 창건된 궁궐은 경복궁이다. 경복궁은 조선 왕조 최초의 궁궐로서 태조 초년에 지어졌다. 이 경복궁은 법궁이었다. 경복궁에 이어 태종대에 창덕궁이 이궁으로 지어졌다. 성종 대에는 창덕궁 담장 하나를 사이에 두고 창경궁이 지어졌다. 담장 하나로 연결된 창덕궁과 창경궁은 두 개의 궁궐이면서도 하나의 형제와 같은 궁궐이라고 여겨, 이 둘을 묶어 '동궐'이라고 하였다.

경복궁 근정전

동궐도

　창덕궁의 후원은 한국 전통 정원의 전형과 아름다움을 잘 보여주는 정원이다. 창덕궁 후원은 그 자리에 있던 숲과 언덕, 물의 흐름 등을 방해하지 않고 자연과 조화를 이루도록 정자를 세우고 휴식 공간을 마련하였다. 그래서 자연 친화적인 한국인들의 삶의 자세를 엿볼 수 있는 정원이다. 창덕궁은 다섯 개 궁궐 중에서 원형이 가장 잘 보전된 궁궐이다. 이 창덕궁은 1997년 유네스코 세계유산으로 등록되었다. 유네스코 세계유산위원회는 동아시아 궁전 건축사에 있어 비정형적 조형미를 간직한 대표적인 궁으로 주변 자연환경과의 완벽한 조화와 배치가 탁월하다고 평가했다.

창덕궁 전경   창덕궁 부용지

 아름다운 풍경과 문화 인류학적 가치를 지닌 창덕궁은 창경궁과 함께 수난을 겪은 적이 있다. 임진왜란을 겪으면서 동궐이 모두 불타 없어지게 된 것이다. 소실된 창덕궁은 1610년에, 창경궁은 1611년에 광해군에 의해 다시 건축되었다. 이때부터 창덕궁은 조선의 고종 시대에 이르기까지 약 270년간 경복궁을 대신하여 법궁으로 사용되었다. 경복궁이 법궁으로 사용된 기간은 약 230년이다. 따라서 창덕궁은 가장 오랜 세월 동안 법궁으로 사용된 궁이라고 할 수 있다. 창덕궁이 법궁으로 사용될 당시 이궁으로 쓰인 궁은 경덕궁(영조 때 경희궁으로 이름이 변경되었다.)이다. 후에 고종은 경복궁을 중건하고, 이 궁을 법궁으로 회복시키고, 동궐을 다시 이궁으로 활용했다.

(3) 조선 왕조의 흥망을 함께 한 궁궐

 덕수궁은 조선 시대에 두 차례 궁궐로 사용되었다. 임진왜란으로 피난을 떠났다가 돌아온 선조가 임시로 머물면서 덕수궁은 처음 궁궐로 사용되었다. 이후 경운궁은 조선 말기 러시아 공사관에 머물던 고종이 이곳으로 옮겨 오면서 다시 궁으로 사용되었다. 고종 당시의 덕수궁은 현재보다 세 배 가까이 컸다. 고종이 일본의 강압으로 왕위에서 물러난 후 왕위를 물려받은 순종은 경운궁을 덕수궁이라고 개명했다.
 이처럼 다섯 개의 궁궐은 조선 오백 년의 역사 속에서 조선인과 더불어 흥망을 함께 했다. 그때를 살았던 조선인들은 역사 속으로 사라졌다. 하지만 그들이 숨 쉬고, 삶과 정치를 고민하고, 과학과 문화를 꽃피웠던 궁궐은 현재도 우리 곁에 남아 있다. 그런 의미에서 조선 역사의 현장인 궁궐을 탐방하면 조선의 역사를 눈으로 확인하고, 한국인의 선조와 만날 수 있는 특별한 경험이 될 것이다.

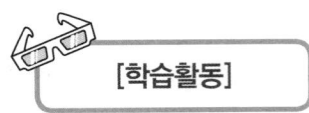 **[학습활동]**

1. 이번 장에서 학습한 단어의 뜻을 정리하여 문장으로 작성해보자.

1) 궁궐 도시 :

2) 동궐 :

3) 덕수궁 :

2. 조선 왕조의 수도 한양의 경복궁을 모국의 친구들에게 소개하는 글을 작성하여 발표해보자.

3) 유교 국가 조선의 신성한 사당 종묘

(1) 선조의 신주를 모신 제의 공간

고려를 무너뜨리고 조선을 세운 태조 이성계는 유교를 통치 이념으로 삼고 1394년 도읍지를 한양으로 옮겼다. 유교의 예법에 따르면, 국가의 도읍지에는 반드시 세 가지의 공간을 마련해야 한다. 그 세 공간은 '궁궐'과 '종묘' 그리고 신에게 제사를 지내는 '사직단'이다. 조선은 이 유교 예법에 따라 한양으로 도읍을 옮긴 후 가장 먼저 종묘를 세웠다. 종묘는 1394년 10월 건축되기 시작해 다음 해 9월에 완성되었다. 종묘는 조선 왕조의 유교적 전통인 제례 문화를 엿볼 수 있는 소중한 문화유산이다.

유교에서는 사람이 죽으면 영혼은 하늘로 올라가고 육체는 땅으로 돌아간다고 믿었다. 그래서 조선인들은 돌아가신 분의 영혼이 머물 수 있는 '사당'과 육체가 머물 수 있는 '묘'를 마련해야 한다고 생각했다. 종묘는 조선 왕조의 돌아가신 왕과 왕비의 신주를 모시고 제사를 지냈던 유교 사당이라고 할 수 있다. 죽은 사람의 인적 사항을 적어 그의 혼을 대신하는 상징물을 '위'라고 하는데, 신주는 바로 그 위를 모시는 나무 패이다. 이는 곧 조선인들이 돌아가진 분의 영혼을 늘 가까이에 모셔두고, 그분들에게 제사를 지내면서 생활했음을 의미한다.

종묘에서 조상들의 신주를 모신 건물은 '정전'이라고 한다. 종묘는 죽은 조상의 영혼을 모시는 경건한 곳이기 때문에 전각은 최소한의 색만 사용하고 화려한 단청을 하지 않았으며 장식과 기교를 최대한 절제하였다. 그러나 분위기만큼은 장엄하면서도 신성함을 유지하는 모습으로 지어졌다. 한국의 종묘는 태실이 19칸인 매우 독특한 건축 양식으로 지어졌다. 정면이 매우 길어 수평성이 강조된 독특한 형식의 건물 모습은 다른 나라의 건축에서는 전혀 그 유례를 찾아볼 수 없는 세계적으로 희귀한 건축유형이다.

종묘 정전

종묘 영녕전

조선 초기의 정전은 총 일곱 칸 건물로 지어졌는데, 그곳에 태조의 4대조인 목조, 익조, 도조, 환조의 신주를 모셨다. 조선의 역사가 흐르면서 정전에 신주를 모실 공간이 부족해졌다. 그래서 기존 정전의 서쪽에 영녕전을 새롭게 짓는 것을 시작으로 그 규모를 더해갔다. 현재 정전의 19실인데 그곳에 49위가 모셔져 있다. 영녕전의 16실로, 34위의 신위가 모셔져 있고 정전 뜰앞에 지어진 공신당에는 조선 시대 공신 83위가 모셔져 있다.

(2) 종묘제례와 종묘제례악

종묘에서 역대 왕조의 조상에게 지내는 제사를 '종묘제례'라고 한다. 조선 왕조의 제사 가운데 가장 규모가 크고 중요한 것이어서 '종묘대제'라고도 한다. 종묘제례는 제사 의례에 맞추어 절제되면서도 경건한 분위기를 높이기 위한 음악과 무용으로서, 종묘제례악이 따른다.

종묘제례 진설

종묘제례악 일무

종묘제례에는 제사 의례에 맞추어 노래와 악기 연주 그리고 무용수가 추는 춤이 동반되었다. 종묘제례의 음악과 춤을 '종묘제례악'이라고 한다. 종묘제례악은 종묘제례라는 의식에 맞게 장엄하면서도 경건한 것이 특징이다.

　　종묘제례와 종묘제례악에 나타난 의례 절차를 비롯하여 음악이나 무용 등은 중국의 고대문명을 바탕으로 형성된 하, 은, 주 시대의 의례 문화에 기원을 두고 있다. 그러한 종묘제례가 조선에서 정형화된 것은 1462년이다. 의례를 정형화한 때로부터 지금까지 오백 년 이상 한국에서는 종묘제례를 거의 그대로 보존하고 있다. 그토록 오랜 세월을 지켜온 한국의 종묘제례는 현재 세계에서 가장 오래된 종합적 의례 문화라고 할 수 있다. 더불어 동양 고대문화의 특징과 의의를 보존하고 있다는 점에서 종묘제례는 동양 고대문화를 연구하기 위한 귀중한 자료로 활용될 수 있는 문화유산 중의 하나라고도 할 수 있다.

(3) 유형과 무형의 세계유산이 공존하는 종묘

　　종묘는 1995년에 세계유산으로 등재되었다. 종묘제례 및 제례악은 2001년 '인류 구전 및 무형유산걸작'으로 유네스코 세계무형유산으로 등재되었다. 2008년부터는 인류무형문화유산 대표목록으로 관리되고 있다. 따라서 종묘는 세계유산인 종묘에서 개최되는 행사로 유형과 무형의 세계유산을 함께 감상할 수 있다는 점에서 세계적으로 유례를 찾기 어려운 문화유산이라는 의의를 지닌다.

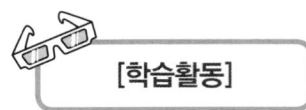 [학습활동]

1. 이번 장에서 학습한 단어의 뜻을 정리하여 문장으로 작성해보자.

1) 사직단 :

2) 신주 :

3) 종묘제례 :

2. 인터넷으로 '종묘제례악'을 검색하여 감상하고, 느낌을 이야기해보자.

더 읽을거리 & 볼거리

(1) 영화 〈경주〉

〈경주〉는 7년 전, 경주의 한 찻집에서 만났던 춘화를 찾아 떠난 최현이 경주에서 미모의 찻집 주인 윤희를 만나면서 일어나는 일들을 담은 영화이다. 〈경주〉의 배경은 제목과 이름이 같은 '경주'이다. 이 영화의 이야기를 따라가다 보면 잘 알려지지 않은 경주의 명소들을 만날 수 있다. 경주에는 155여 개의 거대한 능이 있는 도시이기 때문에 영화 속에서는 능을 자주 볼 수 있다. 이 영화를 통해 천년 전 신라인들이 잠들어있는 능을 보면서 과거와 현재의 공존을 느낄 수 있다.

(2) 소설 〈소설 신라열전〉

〈소설 신라열전〉은 1977년 〈김동리 역사소설-신라편〉이라는 제목으로 출간된 바 있는 책을 현대에 사용하는 언어로 재편집한 책이다. 이 책에는 총 열여섯 편의 단편소설이 실려 있다. 이 소설들은 천 년 전의 신라왕경을 배경으로, 그곳에 살았던 실존 인물들을 주인공으로 삼고 있다. 대표적인 인물로는 '석탈해' '눌지' '우륵' '미륵랑' '수로 부인' '최치원' '장보고' 등을 들 수 있다. 이들은 모두 삼국사기와 삼국유사에 기록이 남아 있는 인물이다. 동시에 온갖 이적과 신비를 간직하고 있는 설화의 주인공들이기도 하다. 이 책을 통해 신라의 예술, 정치, 풍속, 세태 등을 생생하게 만나는 재미를 느낄 수 있을 것이다.

(3) 역사서 〈한 권으로 읽는 조선왕조실록〉

〈조선왕조실록〉은 조선의 시조인 태조로부터 철종까지 25대에 걸친 472년간(1392~1863)의 역사를 연월일 순서에 따라 편년체로 기록한 책이다. 이 책은 총 1,893권

888책으로 이루어졌다. <한 권으로 읽는 조선왕조실록>은 이렇게 방대한 분량의 <조선왕조실록>을 한 권으로 요약 정리한 책이다. 이 책에는 조선을 세운 태조부터 조선의 마지막 왕 순종까지, 조선 왕조 오백 년을 이끌어온 27명의 왕과 당대의 손꼽히는 인물들 그리고 주요 사건에 대한 이야기가 일목요연하게 정리되어 있다.

(4) 드라마 <뿌리 깊은 나무>

<뿌리 깊은 나무>는 조선 초 세종 이도의 한글 창제, 그에게 대항하는 비밀 조직원 밀본의 이야기를 그린 역사 드라마이다. 실제 역사에 허구가 더해져 상상의 폭을 넓힌 이 드라마는 훈민정음을 반포하기 전 7일간 경복궁에서 벌어지는 집현전 학사 연쇄살인 사건의 전모를 밝히는 과정으로 전개된다. <뿌리 깊은 나무>는 문화와 과학에 있어 위대한 업적을 남긴 영웅으로 알려진 세종의 인간적인 면모를 만나볼 수 있다는 점에서 의의가 깊은 드라마이다. 참고로 이 드라마의 제목인 '뿌리 깊은 나무'는 훈민정음으로 쓴 최초의 작품인 <용비어천가> 2장 첫 구절인 '불휘 기픈 남ᄀᆞᆫ'에서 인용한 것이다.

(5) 영화 <상의원>

<상의원>은 궁중 의상실이라고 할 수 있는 '상의원'에서 벌어지는 침선장들의 이야기를 그린 영화이다. 이 영화는 왕과 왕비의 복식을 통해 조선 시대 궁중 복식의 아름다움을 선보인다. 그런데 이 영화에서는 궁중 복식뿐만 아니라 서민들이 입은 한복의 변천도 엿볼 수 있다. <상의원>에서 볼 수 있는 의복 중 당의는 역사적 고증을 바탕으로 제작되었지만, 일부는 현대적인 관점에서 전통의상을 재해석한 것이다. <상의원>은 허구적인 상상력으로 만들어진 영화이지만 한복의 아름다움과 전통성을 이 영화를 통해 충분히 이해할 수 있을 것이다.

2 삶과 죽음

모든 사람은 해마다 생일을 맞고 나이를 먹는다. 한국에서는 나이를 나와 상대방의 관계를 확인하는 중요한 수단으로 여긴다. 그래서 나이와 관련된 독특한 문화들이 많다. 또한 한국인의 의식에는 일반적 의미의 종교적 믿음과 다른 신에 관한 관념이 자리한다. 따라서 한국의 다양한 신과 미신을 알 수 있다면, 한국인의 의식을 이해하는 데 도움이 될 것이다. 매해 반복되는 세시풍속은 한국 생활에서 자연스럽게 경험할 수 있다. 전통의 세시풍속은 현재의 기념일과 유사한데, 대표적인 세시풍속과 기념일을 통해 한국사회의 단면을 확인할 수 있다.

1) 나이를 헤아리는 방식과 생일잔치

한국에서 나이는 사람과의 관계를 맺는 데 있어 매우 중요하다. 그런데 한국의 나이를 세는 방식과 나이를 먹는 방식 등에는 '한국식 나이'라는 표현을 사용할 정도로 독특한 부분이 있다. 게다가 특정 나이에 맞는 생일은 유독 중요하게 여기기도 한다. 영화 <유열의 음악 앨범>과 <하모니>를 통해 한국의 나이 문화와 특별한 생일을 확인할 수 있다.

영화 <유열의 음악 앨범>

영화 <하모니>

(1) 한국식 나이 세기

한국에서는 나이를 셀 때 태어난 그 날부터 한살이다. 이는 어머니의 배 속에 있던, 태아 시절까지도 살아있었던 것으로 보기 때문이다. 이러한 까닭으로, 태어난 날을 기점으로 생일이 되어서 먹는 나이를 두고 한국에서는 '만 나이'라는 별도의 명칭을 사용한다. 2022년 '만 나이' 폐지에 관한 정부 입장이 발표되었지만, 한국인의 의식에는 여전히 남아 있다.

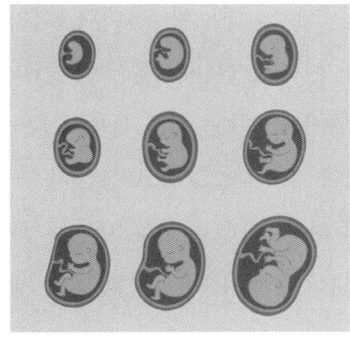
배 속에서 성장하는 태아

첫 생일을 맞은 한 살 아이

(2) 태어나 처음으로 맞는 생일, 돌

태어나서 처음 맞는 생일인 '돌'은 한국에서 매우 중요한 의미를 지닌다. '돌'을 기념하기 위해 여는 잔치를 '돌잔치'라고 부르며, 이때 '돌잡이'라는 풍습을 통해 아이의 장래를 점친다. 돌잡이용 물건으로는 주로 장수를 의미하는 실, 부를 의미하는 돈이나 곡식, 지식을 의미하는 붓과 책 등을 올렸고 현대에는 판사 봉이나 청진기와 같은 물건을 올리기도 한다.

현대식 돌잡이용 물건들

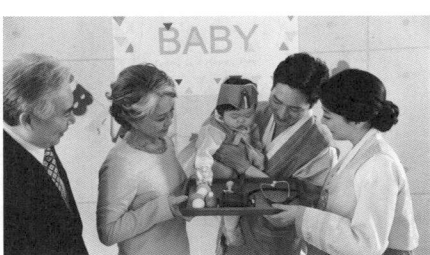
돌잔치 장면

(3) 60갑자를 돌아온 생일, 환갑

한국에서는 해를 세는 단위로 60년을 주기로 하는 '육십갑자(六十甲子)'가 있다. 육십갑자로 부르는 간지(干支)는 십간(十干)과 십이지(十二支)를 조합한 것이다. 십간은 갑(甲), 을(乙), 병(丙), 정(丁), 무(戊), 기(己), 경(庚), 신(辛), 임(壬), 계(癸)이다. 십이지는 자(子), 축(丑), 인(寅), 묘(卯), 진(辰), 사(巳), 오(午), 미(未), 신(申), 유(酉), 술(戌), 해(亥)이다. 십간과 십이지를 조합하여 하나의 간지가 만들어진다. 예를 들면, 십간의 첫 번째인 '갑'과 십이지의 첫 번째의 '자'를 조합하면 '갑자'가 된다. 그리고 십간의 두 번째인 '을'과 십이지의 두 번째인 '축'이 결합하여 '을축'이 된다. 이런 순서로 '병인 ~ 계해'가 만들어진다. 환갑은 육십갑자 주기가 한 바퀴 돌아 태어난 해가 되었을 때 맞는 생일이다. 과거에는 장수하는 사람의 수가 적어 환갑을 넘도록 살아있는 일 자체를 매우 큰 경사로 여겼다.

환갑잔치

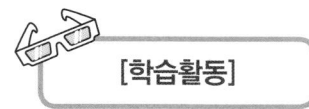 [학습활동]

1. 이번 장에서 학습한 단어의 뜻을 정리하여 문장으로 작성해보자.

1) 만 나이 :

2) 돌잔치 :

3) 환갑 :

2. 자신이 한국에서 태어나 돌잡이를 했다면 어떤 물건을 잡았을 것 같은지 상상해보고 그렇게 생각한 이유를 이야기해보자.

2) 전설과 설화 속의 영험한 신적 존재

 한국에서는 신으로 받들어지는 존재를 신령이라고 부른다. 과거에는 수많은 신령이 인간의 삶에 관여한다고 믿었다. 현대에도 신령에 관한 이야기가 전설이나 설화로 전해지고 있다. 신령을 믿는 것은 종교적 보편성을 지니지 못한, 헛되고 바르지 못한 행위라는 의미의 '미신(迷信)'이라 일컫기도 한다. 한국에는 다양한 신만큼이나 많은 미신이 있다. 영화 <신과 함께>는 한국적인 신의 세계를 다루어 흥행에 성공하였고, 드라마 <운빨 로맨스>는 '미신'과 관련한 에피소드로 웃음을 유발하였다.

영화 <신과 함께 - 죄와 벌>

드라마 <운빨 로맨스>

(1) 하늘을 통치하는 옥황상제

도교의 최고 신인 옥황상제는 한국에서는 하늘을 통치하는 신으로서 하느님과 동일시된다. 옥황상제는 주로 희고 긴 수염을 기르고 있는 할아버지로 묘사된다. 옥황상제는 많은 신들을 거느리며 인간들의 질병, 수명, 운세 등을 총괄하여 관리한다. 따라서 옥황상제는 삼신할머니 설화, 견우와 직녀 설화 등과 같은 한국의 수많은 전설과 설화에 단골로 등장한다.

옥황상제

(2) 죽은 사람들을 인도하는 바리공주

바리공주는 일곱 번째로 태어난 자식마저 딸이라는 이유로 부모에게 공주이다. 바리공주는 자신을 버린 부모가 죽을병에 걸렸다는 사실을 알고 그들을 살릴 수 있는 영험한 힘이 깃든 꽃과 약수를 구하기 위해 저승 세계를 다녀온다. 오랜 공덕을 쌓은 후에 부모를 살리는 데 성공한 바리공주는 죽은 자들을 지옥에서 해방하고, 극락으로 인도하는 신이 되었다. 이러한 이야기를 바탕으로 한국에서 바리공주는 지옥에서 고통받는 사람들을 구원하는 영웅이자 신으로서 자리매김하였다.

바리공주

(3) 아기를 점지하는 삼신할머니

삼신할머니는 아기를 너무나 좋아하여 옥황상제의 명을 받아 부부에게 아이를 점지해주는 일을 맡은 신령이다. 삼신할머니는 아기의 탄생과 성장에 관여한다. 그래서 아이를 간절히 원하는 부부가 삼신할머니에게 간절히 기도를 드린다면 아이가 생긴다는 믿음이 있기도 하다. 어린아이와 관련된 신이다 보니, 삼신할머니는 인자하면서도, 아이에게 해가 되는 더러움을 피하는 깨끗한 성격의 신이다.

삼신할머니

(4) 사랑이 이루어지기를 바라는 풍속, '봉숭아물'

봉숭아를 따서 백반에 섞어 으깬 뒤 그것을 손발톱에 얹어 물들이는 '봉숭아물' 풍속은 오랜 과거부터 여성들이 즐겨 하던 것이었다. 일종의 치장이자 놀이인 '봉숭아물'은 주로 꽃이 피는 7~8월 여름에 사랑하는 사람을 생각하면서 손발톱에 물들인다. '봉숭아물'이 같은 해 첫눈이 내리는 날까지 손발톱에 남아 있으면 그것을 물들일 때 생각했던 사람과의 사랑이 이루어진다는 속설이 전해지고 있다.

사랑을 이뤄주는 봉숭아 물들이기

(5) 시험을 앞두고 먹지 않거나 먹는 음식

한국에서 미역국은 시험을 보는 날에는 먹어선 안 되는 음식으로 꼽힌다. 물에 불린 미역은 아주 미끄럽다. 미끄러운 미역의 성질 때문에 시험 당일에 미역국을 먹으면 합격 점수에서도 "미끄러질 수 있기" 때문에 한국에서는 시험 보는 날 미역국을 먹지 않는다. 같은 의미에서 '죽'을 먹지 말라는 말도 있다. 좋지 않은 의미에서 시험을 '죽 쒀서' 불합격할 수 있기 때문이다.

미역국이나 죽과는 반대로 찹쌀떡과 엿은 시험을 앞두고 먹는 음식이다. 끈적끈적한 찹쌀떡이나 엿이 벽에 붙듯이, 원하는 결과대로 철썩 붙으라는 것이다. 시험을 앞둔 사람에게 음식 말고 휴지나 포크를 선물하기도 하는데, 이는 휴지로 코를 '풀듯이' 시험 문제를 잘 '풀라'는 의미와 포크로 음식을 '찍듯이' 모르는 문제가 나와도 잘 '찍어' 맞추라는 의미로 현대에 와서 생긴 풍속이다.

찹쌀떡 　　　　　　　　　　　엿

미역국 　　　　　　　　　　　죽

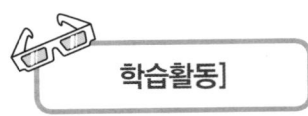 학습활동]

1. 이번 장에서 학습한 단어의 뜻을 정리하여 문장으로 작성해보자.

1) 미신 :

2) 바리공주 :

3) 삼신할머니 :

2. 한국에서 시험을 앞두고 미역국을 먹지 않는 것처럼, 모국에서 시험을 앞두고 금기시하는 음식이 있다면 소개해보자.

3) 농경사회의 세시풍속과 현대사회의 기념일

세시풍속이란 과거 농경사회로부터 계승된, 해마다 일정 시기가 되면 주기적으로 반복적으로 행해지는 전통으로서 관습적이고 의례적인 생활풍속이다. 세시풍속은 매년 반복된다는 측면에서 현재의 국경일이나 다양한 기념일과 유사하다. 과거부터 현재까지 이어지고 있는 한국의 세시풍속과 현대적 의미의 세시풍속이라 할 수 있는 기념일에 관한 내용은 영화 〈김씨표류기〉와 드라마 〈며느라기〉에서 확인할 수 있다.

영화 〈김씨 표류기〉

드라마 〈며느라기〉

(1) 새해를 맞이하는 명절, 설날

설날이란 음력 1월 1일로 새해를 맞이하는 명절이다. 설날의 대표 음식은 떡국이다. 설날에 먹는 떡국은 한 그릇을 먹어야 나이도 먹는다는 특별한 뜻을 지닌다. 아이들은 어른들에게 "새해 복 많이 받으세요."라는 인사와 함께 절을 드리는데 이것을 '세배'라고 부른다. 새로운 해를 새롭게 맞이하는 의미에서 아이들은 새 옷을 마련해 입기도 했으며, 설을 맞아 새롭게 맞춘 옷을 '설빔'이라고 부른다.

떡국

세배

(2) 한 해의 풍성한 수확을 나누는 명절, 추석

추석은 음력 8월 15일로 설날과 더불어 한국의 가장 큰 명절이다. 햇곡식이 익는 추석에는 형편이 어려운 집안에서도 풍성하게 날을 보내곤 했다. 이 연장으로 한국에서는 "더도 덜도 말고 한가위만 같아라."라는 덕담을 주고받기도 한다. 대표적인 추석 음식으로는 송편이 있다. 송편은 밤, 콩, 깨 등으로 속을 채워 반달 모양으로 빚어 만든 떡이다. 송편을 예쁘게 빚으면 예쁜 아이를 낳는다는 속설이 있기도 하다.

송편

가을 논

(3) 한 해의 풍년을 기원하는 풍속, 단오

음력 5월 5일은 수릿날이라고도 불리는 단오이다. 단오는 모내기를 마치고 한 해의 풍년을 기원하는 날이다. 수릿날이라는 이름은 단오에 쑥을 뜯어 만든 떡의 모양이 수레바퀴를 닮았다는 데에서 유래했다. 단오가 되면 여자들은 창포물에 머리를 감거나 그네뛰기를 하며 놀고 남자들은 씨름이나 석전 등을 하며 논다.

수레바퀴 모양의 쑥떡

창포물에 머리 감기

(4) 외로운 솔로들의 자기 위로, 블랙데이

2월 14일의 밸런타인데이나, 3월 14일의 화이트데이는 전 세계 또는 동아시아 일부 국가에서 챙기는 연인들 간의 기념일이다. 블랙데이는 밸런타인데이와 화이트데이에 외롭게 보낸 사람들이 스스로를 위로하는 날로서, 화이트데이로부터 한 달 뒤인 4월 14일의

외로운 자신을 짜장면으로 위로하는 블랙데이

기념일이다. 연인이 없는 사람들은 블랙데이를 맞아 검은 음식의 대표 격인 짜장면을 먹거나 검은 옷을 입는 등의 행동을 하며 지낸다.

(5) 돼지 삼겹살 소비 촉진, 삼겹살데이

매년 3월 3일은 돼지 삼겹살을 먹는 '삼겹살데이'이다. 숫자 3의 발음이 삼겹살의 '삼'과 같아, 3이 겹치는 3월 3일을 삼겹살데이로 지정한 것이다. '삼삼데이'라고도 불리는 삼겹살데이는 2003년 축협에서 지정한 기념일로서, 삼겹살 소비를 촉진하기 위해 만들어졌다. 매년 3월 3일에는 대형 마트 육류코너나 정육점 등에서 삼겹살을 저렴하게 판매하는 등의 행사를 진행하기도 한다.

삼겹살데이 기념 할인 행사 포스터

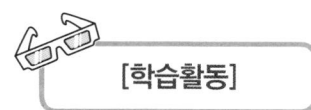 [학습활동]

1. 이번 장에서 학습한 단어의 뜻을 정리하여 문장으로 작성해보자.

1) 세시풍속 :

2) 명절 :

3) 삼겹살데이 :

2. 한국의 '삼겹살데이'나 '블랙데이'처럼 전통적인 풍습은 아니지만, 현대에 와서 새로 생긴 모국의 기념일을 소개해보자.

더 읽을거리 & 볼거리

(1) 영화 〈엑시트〉
〈엑시트〉는 클라이밍 동아리 선후배 관계였던 용남과 의주가 용남의 어머니의 칠순 잔치에서 직원과 고객의 관계로 만나고, 서울 시내에 정체불명의 유독가스가 살포되는 불의의 사고를 겪는 내용의 재난 영화다. 영화의 초반부에 해당하는 용남의 어머니의 칠순 잔치 장면은 평범한 생일이 아닌 잔칫날로서 '칠순'이 한국인들에게 어떠한 의미를 지니는지를 잘 보여준다.

(2) 드라마 〈운빨 로맨스〉와 웹툰 『운빨 로맨스』
〈운빨 로맨스〉는 소위 '운빨'이라고 통칭하는 갖가지 미신이 언급된다. 미신을 맹신하는 심보늬(원작 웹툰 점보늬)와 미신을 불신하는 제수호(원작 웹툰 제택후)가 '호랑이띠'와의 잠자리 문제로 얽히는 내용이다. 속설이라고 믿지 않으면서도 일이 제대로 풀리지 않을 때마다 마음 솔깃한 '미신'을 확인할 수 있다.

(3) 소설 「역마」
「역마」는 한국의 운명을 점지한다는 미신인 '살'에 대한 이야기이다. 여러 종류의 살 가운데서 한곳에 정착하지 못하고 이리저리 떠돌아다녀야 하는 액운을 의미하는 '역마살'이 낀 인물이 등장하여 '살'이라는 액운이 인간의 삶에 미치는 영향을 잘 드러낸다. 여러 갈래 길목의 화개장터에서 주막을 운영하는 옥화는 떠돌이 중 사이에서 아들 성기를 낳는다. '역마살'이 낀 성기는 열 살 때부터 절에서 지내다가 장날에만 내려온다. 그러나 모종의 사건을 겪은 이후 서로 다른 갈림길로 길을 떠나는 사연을 통해 '살'과 관련한 한국인의 의식을 엿볼 수 있다.

3
K-심벌

한국과 한국인을 상징하는 것을 'K-심벌'이라고 부른다. 오랜 세월에 거쳐 한국인의 일상생활에 스며 있는 K-심벌은 한국과 한국인 자체라고 할 수 있다. 따라서 K-심벌을 통해 한국인의 의식과 성향은 물론 한국 사회의 특징을 파악할 수 있다. 한국을 대표하는 3가지 상징물은 태극기, 애국가, 무궁화이다. 태극기는 한국의 국기이고 애국가는 한국의 국가이며 무궁화는 한국을 대표하는 꽃이다. 한국의 전통의상 한복과 세계인이 주목하는 태권도도 한국을 상징하는 K-심벌에 해당한다.

1) 3대 K-심벌의 유래와 특징

영화 <모가디슈>는 1991년 소말리아 내전 당시, 대한민국과 북한의 대사관 직원들이 함께 소말리아의 수도인 모가디슈를 탈출한 실제 사건을 모티브로 한 영화이다. 영화에는 태극기와 당시 한국을 대표하는 가장 큰 행사였던 서울올림픽의 모습이 등장한다. 영화에서 볼 수 있는 것처럼 한국인에게 중요한 공간과 시간 속에는 태극기와 애국가가 함께 했다. 이것은 한국인을 하나로 묶기도 하고 갈등을 해결해 주기도 했으며 때로는 애국심을 느끼게 해 줬다.

영화 <모가디슈>

(1) 주역의 원리, 태극기

태극기는 한국의 국기이다. 주역의 원리를 바탕으로 흰색 바탕에 가운데 태극 모양과 네 모서리의 검은색 줄무늬인 4괘로 구성되어 있다. 한국에서는 3·1절(3월 1일), 현충일(6월 6일), 제헌절(7월 17일), 광복절(8월 15일), 한글날(10월 9일) 등의 국경일이나 기념일에 태극기를 게양하여 나라 사랑의 의미를 되새긴다.

(2) 나라 사랑의 노래, 애국가

<애국가>는 한국의 국가이다. 나라 사랑의 정신을 일깨우는 노래로서의 <애국가>는 갑오개혁 이후로 여러 사람이 만들었는데, 대한제국 정부는 1902년 8월 15일 <대한제국애국가>를 정식으로 제정했다. 이후에도 많은 애국가가 만들어졌다. 그 가운데 스코틀랜드 민요인 <올드 랭 사인> 곡조에 붙여 부르던 가사에 안익태가 곡을 붙인 형태의 <애국가>가 1948년 대한민국 정부 수립 이후 국가로 채택되었다. 모두 4절의 가사로 된 16마디의 4/4박자의 곡이다. 작사가는 누구인지 확실하지 않지만, 윤치호와 안창호가 지었다는 설이 유력하다.

태극기와 애국가 악보

(3) 민족의 영원한 발전을 기원하는 꽃, 무궁화

무궁화는 한국의 국화이다. 매년 7월 초에서 10월 중순까지 100여 일간 매일 꽃이 피는 생태에 민족의 영원을 기원하는 마음을 담아 "끝없이 영원히 피는 꽃"이라는 의미의 '무궁화'라는 이름을 붙였다. 1991년까지 한국에서 육종하여 품종이 94종이고, 외국에서 도입한 품종이 78종 정도로 매우 다양하지만, 꽃의 색깔은 주로 흰색·분홍색·붉은색이 많다.

한국의 무궁화

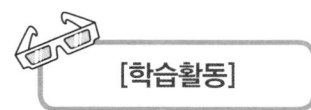

[학습활동]

1. 이번 장에서 학습한 단어의 뜻을 정리하여 문장으로 작성해보자.

1) 국기 게양 :

2) 애국가 :

3) 무궁화 :

2. 한국의 태극기와 애국가 그리고 무궁화와 같은 모국의 국가 상징물을 소개해보자.

2) 전통 한복과 생활 한복

드라마 <궁>은 평범한 신분인 여고생이 할아버지끼리의 약속 때문에 왕위 계승자인 세자와 정략결혼을 하면서 벌어지는 이야기를 다룬 작품이다. 대례복을 비롯한 궁중 한복과 전통 한복, 현대식으로 재해석한 한복 드레스 등 다양한 형태의 한복을 입고 등장하는 세자빈을 통해 전통 한복의 매력을 확인할 수 있다. 드라마 <쌍갑포차>는 까칠한 포차 이모님과 순수한 청년이 손님들의 꿈속에 들어가 맺힌 한을 풀어주는 판타지이다. 이야기가 과거와 현대를 넘나들면서 전개되는 과정에서 전통 한복에서 생활 한복의 다양한 유형을 골고루 확인할 수 있다.

현대의 한국인들은 명절이나 결혼식과 같은 특별한 날에만 한복을 입었다. 그러나 여행지에서 한복을 입고 사진을 찍거나 한복의 느낌을 살린 옷을 입고 방송에 나오는 연예인들이 많아지면서 한복의 인기가 늘어났다. 이후 입기 편하면서 한복의 아름다움은 살린 다양한 형태로 개량한 생활 한복이 등장하면서 한복의 종류가 다양하고 풍성해졌다.

드라마 <궁>

드라마 <쌍갑포차>

(1) 시대상을 반영한 전통 한복

한복은 한국의 전통의상이다. 시대에 따라 조금씩 달라졌으며 성별과 신분에 따라 한복의 모양에서 차이가 있다. 여자 한복은 저고리와 치마로 구성되어 있다. 보통 저고리는 가슴까지 올 정도로 짧고 치마는 땅에 닿을 정도로 길고 풍성하다. 그 위에 두루마기를 외투로 입는다. 남자 한복은 저고리와 바지로 되어 있다. 남자의 저고리는 허리까지 내려올 만큼 길이가 길고 바지는 발목까지 오며 바지통이 넓은 편이다. 그 위에 긴 두루마기를 입는다. 궁중 한복은 화려하다. 궁에서는 빨간색, 금색과 같은 화려한 색깔의 한복을 입는다. 또한 다양한 장신구를 활용하여 화려함을 더한다.

현대인도 전통의상을 자주 입는다. 설날이나 추석과 같은 명절이나, 경복궁이나 한옥마을 등의 장소에 방문할 때도 한복을 입는다. 특히 경복궁의 경우 한복을 입는 관람객에게는 무료입장 혜택을 주기 때문에 한복을 입고 방문하는 사람들이 많은 편이다. 한복이 없는 사람들은 경복궁 인근 의상 대여점에서 빌려 입고 입장하기도 한다. 한류 열풍과 함께 한국을 방문한 외국인 관광객들도 대여점의 한복을 착용하고 경복궁을 방문하

전통 한복

궁중 한복

여 기념사진을 찍을 정도로 인기가 많다.

(2) 활동적이고 편안하게 개량한 생활 한복

한복은 품격을 갖춘 전통의상인 만큼 현대인이 입고 생활하기에는 다소 불편한 점이 있다. 그래서 일상생활에서 한복을 입을 수 있도록 활동적이고 편안한 형태로 개량되었다. 개량 한복은 생활 한복으로 불린다. 중장년층뿐만 아니라, 20대 청년들도 해외여행에서 생활 한복을 입고 사진을 찍을 정도로 인기가 많다.

생활 한복은 회사와 학교 같은 곳에서 단체복으로 맞춰 입으면서 일상에 스며들었다. 불편한 양복이나 정장 대신 한복의 디자인을 살린 상의를 만들어 근무복으로 착용하거나, 전통 한복의 특징을 살린 교복을 제정하는 학교가 늘어나고 있기 때문이다. 유명 연예인들이 방송 활동을 하거나 K-POP 가수들이 앨범을 발표할 때도 한복의 느낌을 살린 의상을 착용하기도 한다. 이러한 의상들은 전통 한복의 옷고름, 옷감, 옷깃 등의 특징을 살린 디자인으로 제작하여 새로운 형태의 생활 한복으로 주목받고 있다.

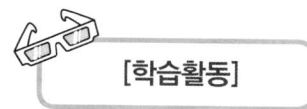

[학습활동]

1. 이번 장에서 학습한 단어의 뜻을 정리하여 문장으로 작성해보자.

1) 저고리 :

2) 두루마리 :

3) 개량 한복 :

2. 한국의 전통 의상 '한복'을 모국의 친구들에게 소개하는 글을 작성하여 발표해보자.

3) 전통 무예 태권도와 국제스포츠행사

영화 <돌려차기>는 학교 태권도부원과 싸우다 퇴학 위기에 처한 불량 학생들이 태권도부 부활에 동참하여 태권도 훈련을 시작하는 내용을 다룬다. 드라마 <더 킹: 영원의 군주>는 대한제국의 황제와 삶과 사랑을 지키려는 대한민국 여자 형사의 평행 세계 로맨스를 다루는 과정에서 태권도 에피소드를 활용한다. 영화 <두근두근 내 인생>, <로니를 찾아서>, <조작된 도시>, 드라마 <수상한 파트너>, 시트콤 <지붕 뚫고 하이킥> 등 다양한 K-콘텐츠를 통해 한국의 전통 무예 태권도의 매력을 확인할 수 있다.

영화 <돌려차기>   드라마 <더 킹 : 영원의 군주>

(1) 한국 고유의 무술, 태권도

태권도는 한국을 대표하는 스포츠로 한국 고유의 무술이자 국기이다. 태권도는 신체 단련을 위한 목적과 함께 올바른 정신 수양을 중요시하는 운동이다. 태권도는 국제 경기에서 주목받는 운동이면서 동시에 한국인의 일상에 자연스럽게 스며 있는 대표적인 생활 체육 종목이다. 한국에서는 어린이의 건강을 목적으로 태권도를 가르친다.

태권도 경기 장면

태권도는 1988년 서울올림픽에서 시범 종목으로 포함되었고, 이후 2000년 시드니올림픽에서 정식 종목으로 채택되었다. 태권도는 손기술과 발기술을 사용하여 점수를 얻게 되는 운동 경기인데 주로 발차기를 중심으로 경기가 진행된다. 3분간 총 3번의 경기를 치르며 경기의 모든 선언은 '차렷' '시작' 등과 같은 한국어로 진행한다.

(2) 세계적인 스포츠 강국, 서울올림픽과 평창올림픽

한국은 하계올림픽과 동계올림픽을 모두 개최한 국가이다. 1988년 개최된 서울올림픽은 '화합·전진'을 목표로 전 세계 160개국이 참가해 올림픽사상 최대 규모로 진행되었다. 1988 서울올림픽에서 한국은 종합 4위를 차지했다. 서울올림픽의 마스코트는 호랑이에서 모티브를 가져온 '호돌이'이다. '호돌이'는 스포츠뿐만 아니라 한국의 고유문화와 우수한 경기 운영 역량을 전 세계에 널리 알리는 역할을 톡톡히 수행하였다.

1988 서울올림픽 상징물

평창올림픽은 아시아에서 세 번째로 2018년 평창·강릉·정선 지역에서 개최되었다. 올림픽 엠블럼은 "가장 한국적인 것으로 가장 세계적인 것을 만든다."는 생각으로 평창의 'ㅍ'과 'ㅊ'을 따라 만들어졌으며, 마스코트는 한국을 대표하는 동물 '백호(백호랑이)'의 형상을 본 뜬 '수호랑'이다.

2018 평창올림픽 상징물

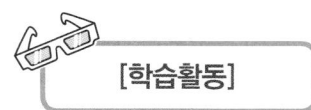 **[학습활동]**

1. 이번 장에서 학습한 단어의 뜻을 정리하여 문장으로 작성해보자.

1) 태권도 :

2) 호돌이 :

3) 수호랑 :

2. 한국의 전통 무예 태권도의 품세 종류를 조사하여 직접 표현해보자.

더 읽을거리 & 볼거리

(1) 영화 〈자전차왕 엄복동〉
〈자전차왕 엄복동〉은 일제강점기 '전조선자전차대회'에서 일본 최고의 선수들을 제치고 조선인 최초로 우승을 차지한 엄복동이 일본의 계략에도 불구하고 계속되는 무패행진으로 '민족 영웅'이 되는 과정을 다룬 작품이다. 이 영화에는 현재의 애국가와는 다른 멜로디의 애국가가 나온다. 현재 애국가 가사가 스코트랜드 민요에 맞춰 불렀던 일제강점기 시절의 애국가를 확인할 수 있다.

(2) 드라마 〈계룡선녀전〉
전래동화 〈선녀와 나무꾼〉을 모티브로 차용한 〈계룡선녀전〉은 699년 동안 계룡산에서 나무꾼의 환생을 기다리며 바리스타가 된 선녀가 지상 세계의 청춘남녀를 만나면서 겪는 이야기를 다룬다. 주인공 선녀의 의상에서 여러 종류의 한복을 확인할 수 있다.

(3) 드라마 〈모단걸〉
〈모단걸〉은 1930년대를 배경으로 남편의 마음을 돌리기 위해 모단걸이 되려 했던 여성의 성장 과정을 그린 단막드라마이다. 양반 가문의 고명딸과 몸종의 의상을 통해 1930년대 신분에 따라 달라지는 한복의 특징뿐만 아니라 그 당시 한국에서 유행하던 서양식 복식에 관해 파악할 수 있다.

(4) 드라마 〈응답하라 1988〉
〈응답하라 1988〉은 1988년 서울시 도봉구 쌍문동을 배경으로 같은 골목에서 자란 다섯 명의 친구들 사이의 사랑과 우정을 그린 작품이다. 주인공이 1988년 서울올림픽의 피켓걸로 뽑혀 올림픽 개막식에 참가하는 장면을 통해 서울올림픽 마스코트 호돌이와 굴렁쇠 소년의 모습 등을 감상할 수 있다.

(5) 드라마 〈쌈, 마이웨이〉

세상이 보기엔 부족한 스펙 때문에 마이너 인생을 강요하는 현실 속에서도 남들이 뭐라던 마이웨이를 가려는 마이너리그 청춘들의 성장 로맨스를 담은 드라마이다. 학창 시절 태권도 국가대표를 꿈꾸다가 선발전에서 승부조작에 연루되어 꿈을 포기한 주인공을 통해 한국의 대표적인 무예 태권도 경기 장면을 볼 수 있다.

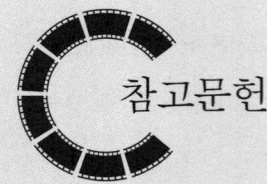
참고문헌

1. 단행본

간호배, 『외국인을 위한 한국 현대문학』, 채륜, 2015.
고영철, 『외국인을 위한 한국문학』, 예스미디어, 2016.
권오경 외, 『외국인을 위한 한국문학의 이해』, 부산외국어대학교출판부, 2013.
권오경 외, 『한국전통문화(외국인을 위한 체험중심)』, 신정, 2021.
김동완, 『관상 심리학』, 새빛, 2020.
김성수, 『시각 문화 대표 콘텐츠』, 커뮤니케이션북스, 2014.
김소월, 『김소월 시집 진달래꽃』, 알에이치코리아, 2020.
김춘수, 『김춘수 시전집』, 현대문학, 2004.
박경수·최은숙, 『외국인을 위한 이야기로 듣는 한국의 전통문화』, 부산외국어대학교출판부, 2018.
박경우·조인옥, 『외국인 학습자를 위한 한국문화교실』, 보고사, 2019.
박완서 외, 『옥상의 민들레꽃』, 훈민출판사, 2020.
박한나, 『통으로 읽는 한국문화』, 박이정, 2009.
서윤희 외, 『전통놀이의 이론과 실제』, 예감출판사, 2019.
신광철, 『한국의 세계기록유산』, 일진사, 2020.
신광철, 『한국의 세계문화유산』, 일진사, 2020.
양승국 외, 『외국인을 위한 한국문화 30강』, 박이정, 2019.
오창섭 외, 『생활의 디자인』, 현실문화연구, 2011.
유홍준, 『나의 문화유산답사기』 7, 창비, 2012.
이선이·이명순, 『외국인을 위한 오늘의 한국』, 한국문화사, 2011.
이정임, 『외국인을 위한 한국문학읽기』, 월인, 2000.
이종명, 『우리나라의 전통놀이』, 배영사, 2011.
이종호, 『유네스코 선정 한국의 세계문화유산』 1, 북카라반, 2015.
이종호, 『유네스코 선정 한국의 세계문화유산』 2, 북카라반, 2015.
이지행, 『BTS와 아미 컬처』, 커뮤니케이션북스, 2019.
조재윤 외, 『외국인을 위한 한국문화 길라잡이』, 박이정, 2009.

조항록, 『외국인을 위한 한국 사회와 문화』, 소통, 2010.
최운식, 『외국인을 위한 한국문학』, 보고사, 2010.
한호철, 선조들의 삶 Ⅰ-세시풍속 이야기, 지식과교양, 2016.

2. 학술논문

문지현, 「한국 노래방의 성장을 둘러싼 사회문화사-테크놀로지의 발전을 중심으로」, 『문화와 사회』 vol.21, 한국문화사회학회, 2016, 121-170쪽.
이은희, 「〈바리공주〉를 활용한 한국문화교육 방안 연구」, 『어문론집』 68집, 중앙어문학회, 2016.
조규문, 「한글과 한자 이름의 작명 방법에 대한 고찰」, 『한국사상과 문화』 97집, 한국사상문화학회, 2019.
A. Guillemoz, 「삼신할머니-동해안의 한 어촌에서의 신앙과 무가를 중심으로-」, 『한국문화인류학』 7집, 한국문화인류학회, 1975.

3. 기타

문화재청, 『문화재청 국가문화유산포털』, http://www.heritage.go.kr/
문화재청, 『문화재청 궁능유적본부』, https://royal.cha.go.kr/
유네스코한국위원회, 『유네스코와 유산』, https://heritage.unesco.or.kr/
권혜련, 「K-POP, 영광의 순간들」, 『한국일보』, 2018. 9. 7.
김경옥, 「BTS의 진짜 성공비결은 '위로'와 '희망' 아닐까요」, 『한겨레』, 2020. 12. 11.
김현진, 「K팝 세계 진출의 시작에는 '보아'가 있었다」, 『서울경제』, 2020. 8. 25.
남지은, 「"별은 내 가슴에' 안재욱은 한류의 시작이자 사회현상이었다」, 『한겨레』, 2021. 3. 20.
박경은, 「대단한 건 알겠는데 방탄소년단, 뭐가 달라요?」, 『주간경향』, 2018. 6. 18.
이연정, 「카라·소녀시대, 日오리콘 연간 앨범 차트 18위·25위」, 『연합뉴스』, 2012. 12. 27.
이정현, 「한류드라마 계보 읽기 : '별은 내 가슴에'부터 '오징어 게임'까지」, 『연합뉴스』, 2021. 10. 4.
이정호, 「빌보드, 원더걸스 '노바디' 재조명 "K팝 시작 알린 노래"」, 『스타뉴스』, 2018. 9. 27.
이종길, 「싸이 '강남스타일' MV 유튜브 40억 뷰」, 『아시아경제』, 2021. 3. 7.
전준우, 「종로구, 한복근무복 도입…"이제 매일 한복 입어요"」, 『뉴스1』, 2021. 10. 19.
정수진, 「'1일 1깡' 그대에게 권하는 비의 '풀하우스'」, 『비즈한국』, 2020. 5. 22.
조용철, 「내년 한복교복 도입할 중·고등학교 19개교 선정」, 『파이낸셜뉴스』, 2021. 10. 6.
천정환, 「슈퍼주니어 '쏘리 쏘리'」, 『MK스포츠』, 2020. 11. 29.

「국가 상징」, 『행정안전부』, https://www.mois.go.kr/frt/sub/a06/b08/nationalIcon_4/screen.do
「태권도」, 『스포츠 백과』,
https://terms.naver.com/entry.naver?docId=384482&cid=42872&categoryId=42872
「서울올림픽」, 「평창올림픽」, 『IOC』, https://olympics.com/ko/
「서울올림픽」, 『한국민족문화대백과』,
https://terms.naver.com/entry.naver?docId=657674&cid=46667&categoryId=46667
SBS, 전설의 무대 아카이브K 9~10회 K-POP편(2021. 3. 7. ~ 2021. 3. 14.)
「단오」, 『한국세시풍속사전』,
https://terms.naver.com/entry.naver?docId=1011732&cid=50221&categoryId=50231
「돌」, 『한국일생의례사전』,
https://terms.naver.com/entry.nhn?docId=3561092&cid=58728&categoryId=58728
「바리공주」, 『한국민속문학사전(설화편)』,
https://terms.naver.com/entry.naver?docId=2120445&cid=50223&categoryId=51051
「봉선화물들이기」, 『한국세시풍속사전』,
https://terms.naver.com/entry.nhn?docId=1011572&cid=50221&categoryId=50231
「삼신할머니」, 『향토문화전자대전』,
https://terms.naver.com/entry.naver?docId=2575141&cid=51890&categoryId=53704
「환갑」, 『한국민족문화대백과』,
https://terms.naver.com/entry.nhn?docId=570807&cid=46635&categoryId=46635
「이름」, 『한국민족문화대백과』,
https://terms.naver.com/entry.naver?docId=795375&cid=46674&categoryId=46674
「고누놀이」, 『한국민족문화대백과』,
https://terms.naver.com/entry.naver?docId=3561833&cid=58721&categoryId=58725
「남승도놀이」, 『한국민족문화대백과』,
https://terms.naver.com/entry.naver?docId=532921&cid=46670&categoryId=46670
「쌍륙놀이」, 『문화원형백과』,
https://terms.naver.com/entry.naver?docId=1723528&cid=49378&categoryId=49378
「쌍륙놀이」, 『한국민족문화대백과』,
https://terms.naver.com/entry.naver?docId=795143&cid=46670&categoryId=46670
「투호놀이」, 『체육학대사전』,
https://terms.naver.com/entry.naver?docId=455730&cid=42876&categoryId=42876

「투호놀이」, 『문화원형백과』
https://terms.naver.com/entry.naver?docId=1723554&cid=49378&categoryId=49378
드라마 〈대장금〉
https://cafe.daum.net/amwaybest/DhrZ/1419?q=%EB%8C%80%EC%9E%A5%EA%B8%88+%EC%88%98%EB%9D%BC%EA%B0%84&re=1
드라마 〈오징어 게임〉
https://cafe.daum.net/dotax/Elgq/3774572?q=%EC%98%A4%EC%A7%95%EC%96%B4%20%EA%B2%8C%EC%9E%84
드라마 〈미녀 공심이〉 https://entertain.v.daum.net/v/20160514063523488
영화 〈비열한 거리〉 https://movie.daum.net/moviedb/main?movieId=41227
고려청자 https://www.flickr.com/photos/25164902@N08/2378029981
달항아리 http://www.metmuseum.org/art/collection/search/45432
드라마 〈별똥별〉 https://www.tving.com/contents/P001588974
영화 〈라디오 스타〉 https://movie.daum.net/moviedb/main?movieId=41486
영화 〈그것만이 내 세상〉 https://movie.daum.net/moviedb/main?movieId=108632
영화 〈파바로티〉 https://movie.daum.net/moviedb/main?movieId=71700#photoId=853707
목포문학박람회 https://www.mokpo.go.kr/munhak
드라마 〈온에어〉 https://programs.sbs.co.kr/drama/onair/about/53617
드라마 〈그들이 사는 세상〉 https://blog.naver.com/macgyer/150101298866
드라마 〈왕과 나〉
https://namu.wiki/w/%EC%99%95%EA%B3%BC%2%EB%82%98(%EB%93%9C%EB%9D%BC%EB%A7%88)
영화 〈천문〉 https://movie.daum.net/moviedb/contents?movieId=122361#photoId=1344575
태극기와 애국가 악보 https://www.mois.go.kr/frt/sub/a06/b08/nationalIcon_3/screen.do
한국의 무궁화 https://www.mois.go.kr/frt/sub/a06/b08/nationalIcon_4/screen.do
전통 한복 https://live.staticflickr.com/3743/13326967874_0a64d5c0bd_b.jpg
궁중 한복 https://live.staticflickr.com/5336/9605227144_81277b1718_b.jpg
1988 서울올림픽 상징물 https://olympics.com/ko/olympic-games/seoul-1988
2018 평창올림픽 상징물 https://olympics.com/ko/olympic-games/pyeongchang-2018

집필진 약력

윤석진(尹錫辰, Suk-Jin Yun)

한양대학교 대학원에서 문학박사학위를 취득하고, 충남대학교 국어국문학과 교수로 재직하면서 『한겨레』에 '윤석진의 캐릭터로 보는 세상' 칼럼을 연재하고 있음. 2017년 3월부터 2018년 1월까지 중국 북경외국어대학 한국어학과 초빙교수로 파견 근무하면서 '외국어로서의 한국어교육' 관련 저서를 집필함. 「텔레비전드라마 〈시크릿 가든〉의 경제적 타자성과 판타지 장치」와 「역사적·정치적 병리에 대한 텔레비전드라마 〈상어〉의 상상력」 등 다수의 논문을 발표하고, 『36편의 드라마로 읽는 한국어/한국사회』와 『韩国语 阅读 教程-通过电视剧学习韩国语和韩国文化』(공저) 등의 저서를 출판함.

김수연(金秀姸, Soo-Yeon Kim)

충남대학교 대학원에서 외국어로서의 한국어교육 전공으로 문학석사학위를 취득하고, 동대학원 국어국문학과 현대문학 박사과정을 수료하였음. 현재 한밭대학교와 대전대학교에서 외국인을 대상으로 한국어 강의를 하고 있으며, 한국어 교재인 『세종 훈민정음 한국어 초급A(공저)』 집필에 참여함. 「한국문화교육에서의 TV드라마 활용 방안 연구: 여성결혼이민자를 대상으로」와 「TV드라마 〈오로라 공주〉의 전지적 작가와 저자적 독자와의 관계 연구」 등의 논문을 발표함.

박미경(朴美慶, Mi-Kyoung Park)

충남대학교 교육대학원에서 한국어교육 전공으로 문학석사학위를 취득하였고, 동대학원 국어국문학과 현대문학 박사과정에 재학중임. 청주대학교에서 외국인을 대상으로 한국어 강의를 하였고, 대전시 교육청 및 세종시 교육청 산하 초등학교에서 한국어 강사로 활동함. 「외국어로서의 한국어 문화교육을 위한 전통 의례 교수 방안 연구-오영진의 '민속3부작'을 중심으로-」의 논문을 발표함.

신다슬(申다슬, Da-Seul Shin)
충남대학교 대학원에서 문학석사학위를 취득하고 동대학원 국어국문학과 현대문학 박사과정을 수료한 뒤 한국 영화와 드라마에 관한 학위논문을 준비하고 있음. 「김현석 영화의 비극적 과거 재현 양상에 대한 고찰 −〈YMCA 야구단〉, 〈스카우트〉, 〈아이 캔 스피크〉를 중심으로」와 「불안정한 세계에서 능동적 삶의 가능성 모색하기 − SF드라마 〈만신〉을 중심으로」 등의 논문을 발표함.

이다운(李다운, Lee Da-Un)
충남대학교 대학원에서 문학박사학위를 취득하고, 군산대학교 국어국문학과 교수로 재직하면서 영상문학 자문위원 및 전북 문화관광재단 문화예술진흥본부 심의위원으로 활동 중임. 「〈동백꽃 필 무렵〉 연구−로컬의 낭만과 추리서사의 전략적 병합」, 「영화 〈기생충〉 연구−희비극으로 재현한 계급 공존의 불가능성」, 「박찬욱 영화의 염세주의적 세계관 연구」, 「김은숙 텔레비전드라마의 대중 전략 연구」, 『사고와 표현』 등 다수의 논문과 저서를 집필함.

정현경(鄭賢暻, Jeong Hyeon-Gyeong)
충남대학교 대학원에서 문학박사학위를 취득하고, 충남대학교 국어국문학과 강사로 글쓰기 등의 강의를 담당하고 있음. 「1970년대 연극 검열 양상 연구」를 비롯하여 「평등의 몰락에 대한 영화적 대응과 의미 − 영화 〈설국열차〉와 〈기생충〉을 중심으로」, 「선전과 동원 정치로서의 새마을연극」 등의 논문을 발표함.

K-Culture로 만나는 한국/한국인 |1|

초판 1쇄 발행일 | 2022년 7월 11일

지은이 | 윤석진
펴낸곳 | 북마크
펴낸이 | 정기국
디자인 | 서용석
관리 | 안영미

주소 | 서울특별시 동대문구 무학로45길 57 명승빌딩 4층
전화 | (02) 325-3691
팩스 | (02) 6442 3690
등록 | 제 303-2005-34호(2005.8.30)

ISBN | ISBN 979-11-85846-98-9   13700
값 | 16,000원

이 책은 저작권법에 따라 보호를 받는 저작물이므로 무단전재와 무단복제를 금하며,
이 책 내용의 전부 또는 일부를 이용하려면 반드시 저작권자와 북마크의 서면동의를 받아야 합니다.
• 잘못된 책은 바꾸어 드립니다.